怒海·征途

——百件物品背后的沉船故事

[英]西蒙·威尔斯　著

刘玉涛　译

中国科学技术出版社

·北　京·

图书在版编目（CIP）数据

怒海·征途：百件物品背后的沉船故事 /（英）西蒙·威尔斯著；刘玉涛译.
-- 北京：中国科学技术出版社，2023.12
（博物馆·特色藏品）
ISBN 978-7-5236-0400-7

Ⅰ.①怒…　Ⅱ.①西…　②刘…　Ⅲ.①沉船—文物—介绍—世界　Ⅳ.① K86

中国国家版本馆 CIP 数据核字（2023）第 231744 号

著作权合同登记号：01-2023-4010

SHIPWRECKS IN 100 OBJECTS, by Simon Wills
Copyright © Simon Wills，2022
First published in UK in 2022 by Pen & Sword Books Ltd
Simplified Chinese rights arranged through CA-LINK International LLC

策划编辑	王轶杰
责任编辑	王轶杰
版式设计	中文天地
封面设计	中文天地
责任校对	邓雪梅
责任印制	李晓霖

出　　版	中国科学技术出版社
发　　行	中国科学技术出版社有限公司发行部
地　　址	北京市海淀区中关村南大街 16 号
邮　　编	100081
发行电话	010-62173865
传　　真	010-62173081
网　　址	http://www.cspbooks.com.cn

开　　本	710mm×1000mm　1/16
字　　数	257 千字
印　　张	14.75
版　　次	2023 年 12 月第 1 版
印　　次	2023 年 12 月第 1 次印刷
印　　刷	北京荣泰印刷有限公司
书　　号	ISBN 978-7-5236-0400-7 / K·377
定　　价	88.00 元

目 录
CONTENTS

致我亲爱的斯图亚特

　　斯图亚特是我的一个好朋友，令人遗憾的是他失踪了，要不然，我想他会愿意和我聊聊这本书的。

鸣　谢

　　此等规模的著作，仅凭我一人之力肯定是不够的，只有在许多人的帮助之下才能完成。我要特别感谢我的搭档，感谢他在我写作的漫长过程中，给予我的关心和耐心。莎拉·库克是这本书的文字编辑，她非常勤奋，我很感激她对书中细节的把握。同时，笔和剑（Pen & Sword）图书有限公司的马丁·梅斯也非常宽宏大量，为我积极提供建议、支持和关心。林恩·马修斯从一开始就给了我莫大的鼓励，我非常感激，并且我还要感谢我的广大朋友们，在我写作期间，他们不厌其烦，与我不停地讨论这本书。

　　我创作本书所用的档案，来自英国国家档案馆、英国国家海事博物馆（格林尼治）、南安普顿海事图书馆、帝国战争博物馆和英国国家图书馆。我要感谢上述机构的所有工作人员对我工作的支持和帮助。

　　我尤其要感谢乔纳森·摩尔、查尔斯·达格诺和亚伦·斯科布利尼克（来自加拿大公园管理局），约翰·伯兰（来自约瑟夫康拉德协会），邓肯·博斯沃思（来自澳大利亚运输安全局），罗斯·安德森和特奥里·香农（来自西澳大利亚沉船博物馆），海伦·基布尔怀特和科斯蒂·帕森（来自英国国家陆军博物馆），露西亚·里诺菲（来自英国国家博物馆），以及马克·贝蒂·爱德华兹（来自航海考古学会）。

图片版权

我非常感谢以下的机构和个人，允许我使用下文所述的图像：

第 2 章《在战舰"玛丽·罗斯"号上发现的念珠》由玛丽·罗斯信托基金会的彼得·克罗斯曼提供，[文件：MaryRose-rosary-81A1414h.JPG]，由维基共享资源免费提供，依据《知识共享署名 – 相同方式共享 3.0 未本地化版本（CC BY-SA 3.0）许可协议》获得许可，网址 https://creativecommons.org/licenses/by-sa/3.0/deed.en。

第 2 章《在博物馆展出的都铎王朝"玛丽·罗斯"号军舰残骸》，网址：seanseyeview/Shutterstock.com [图库照片 ID 1334631893]。

第 3 章《无敌舰队纪念章》，由美国华盛顿国会图书馆珍本和特别收藏部提供，属于弗朗西斯·德雷克爵士的汉斯·彼得·克劳斯藏品系列。

第 5 章《"泰尔"号上的加农炮》。照片由作者拍摄，承蒙该大炮所在的西澳大利亚沉船博物馆的许可而使用。

第 7 章《来自"伦敦"号的日晷》，© 伦敦沉船信托基金会。

第 9 章《蛤蜊》，为帕韦莱茨作品，[文件：Tridacna.JPG]，由维基共享资源免费提供，依据《知识共享署名 – 相同方式共享 3.0 未本地化版本（CC BY-SA 3.0）许可协议》获得许可，网址：https://reativecommons.org/licenses/by-sa/3.0/deed.en。

第 12 章《斯蒂德·邦尼特》，由美国华盛顿国会图书馆珍本和特别收藏部免费提供。

第 13 章来自《鲁滨孙漂流记》（1719）的扉页和插图，由英国国家图书馆收藏，并在获得《公共领域标志（1.0）》许可下提供。

第 14 章来自谷歌地球 Pro 的卫星图像，网址：https://earth.google.com，图像和数据署名：谷歌 – 地球资源卫星 / 哥白尼数据搜索意图优化（SIO），美国国家海洋和大气管理局（NOAA），美国海军、美国国家地理空间情报局

（NGA），世界大洋深度图（GEBCO）。

第 16 章位于法国布列塔尼的富热尔中世纪城堡，为奥利弗·霍夫曼作品 / Shutterstock.com［图库照片 ID 722342401］。

第 18 章来自帕劳的盖碗和碗盖（图像 ID 00958306001），© 英国国家博物馆理事会。

第 19 章莱昂内尔·鲁金的救生艇设计，由韦尔科姆收藏馆免费提供，网址：https://wellcomecollection.org 指定的知识共享，依据《公共领域标志》获得许可。

第 21 章《冰山》，为安德里亚斯·伟特作品，由维基共享资源免费提供，依据《知识共享署名 – 相同方式共享 4.0 国际化版本许可协议》获得许可，网址：https://creativecommons.org/license/by–sa/4.0/deeds.en。

第 27 章《沉船——诺森伯兰海岸，一艘蒸汽船协助一艘船离开岸边》，为约瑟夫·马洛德·威廉·特纳的绘画作品，由美国康涅狄格州纽黑文市耶鲁大学的英国艺术中心免费提供，网址：https://britishart.yale.edu（架位号：B1978.43.15）。

第 28 章《格雷丝·达林在狂风暴雨中划船出海》，为彩色木版画，由 C. J. 史坦宁创作，后经 E·埃文斯完善，由韦尔科姆收藏馆免费提供，网址：https://wellcomecollection.org 指定的知识共享，依据《公共领域标志》获得许可。

第 30 章 © 加拿大公园管理局，2021 年 9 月 14 日，承蒙许可。

第 34 章《怀表》，由位于伦敦的英国国家军队博物馆理事会免费提供。

第 34 章《水下大白鲨》，为菲奥纳·阿耶斯特作品 /Shutterstock.com［图库照片 ID 1871947789］。

第 37 章《连裤救生圈的演示》，由美国华盛顿特区国会图书馆印刷品和照片部提供，邮编 20540;《迈克尔·埃勒雷的星形救生圈》，网址：https://www.flickr.com/photos/mike_elleray/6821723641/，依据《知识共享署名 2.0 通用化版本（CC BY 2.0）许可协议》获得许可，网址：https://creativecommons.org/licenses/by/2.0/。

第 38 章詹姆斯·拉塞尔的照片，由澳大利亚维多利亚州立图书馆免费提供，网址：https://www.slv.vic.gov.au。

第 39 章 1859 年的沉船海图，由韦尔科姆收藏馆免费提供，网址：https://

前　言

自伊丽莎白时代以来，在我父亲一族之中，我是第一代没有以下述任何一种身份出过海的人：渔民、商船队水手或皇家海军。当然了，不出所料，我遗传了家族对海洋的热爱，并且尊重海洋——尤其是我的家族与失事船只渊源颇深。1779 年，我的祖先托马斯·威尔斯在英国皇家海军舰艇"阿瑞苏萨"号上服役，这艘船在布列塔尼海岸失事。这个故事的细节，在我的家族中几代人之间一直流传，在第 16 章中，我会详细讲述这个故事。

19 世纪，我的很多亲属都是商船上的高级职员或水手，那时候，在海上航行是很危险的。例如，理查德·威尔斯船长的海船"弗莱"号在 1800 年失

⊙　图为救生艇艇长理查德·威尔斯（坐在中间）和他的船员们。

踪，他也随之失踪了。托马斯·威尔斯船长和他的船在1842年离港，之后就再也没有回来过。似乎丧亲之痛对这些男人的妻子和孩子来说还不是最致命的，更为要命的是，在大多数情况下，失去主要的经济支柱，会让这些男人的妻子和孩子陷入贫困之中。

我的曾祖父（另一位理查德）是普尔救生艇的艇长，在他的职业生涯中，他从沉船海难中拯救了120人的生命。尤其值得一提的是，这还包括在1919年营救了一艘日本潜艇的船员。还有一次，他在一艘遇险船只的甲板上遇到了一位携带左轮手枪的法国船长。尽管当时这艘船已经处于危险之中，但是这位法国船长仍然不愿意弃船逃生。

在第一次世界大战期间，我的祖父在苏格兰西海岸外的一艘海军巡逻舰上服役。他们必须报告对德国U型潜艇的实时监测情况，以及天气情况，此外他们还有一项额外的任务，就是要留心观察载有沉船幸存者的救生艇和救生筏。有一次，他们遇到一艘坐满水手的船，已经超载，虽然这些水手都弃船逃生了，但是还是死于口渴或暴晒。"没有人愿意知道自己的儿子或丈夫就这样死去。"指挥官说道，"击沉它。航海日志中不要记录这件事。"

在这样一个家庭背景下，我选择了一个与历史沉船主题相关的职业，开展研究、写作和演讲。我为什么选择这个职业，也是我经常被问到的一个话题。例如，在英国广播公司（BBC）为歌手谢丽尔打造的《你以为你是谁》节目中，我以专家的身份出现。她的祖先，同我的一位祖先一样，在1858年也随同他的船只和船员一起消失了。尽管电视节目中没有报道，但是1845年，前政治家和播音员埃德·鲍尔斯的一位祖先在大雾中乘坐的英国皇家海军军舰"云雀"号失事了，幸运的是，他最终获救了。演员莉兹·卡尔的祖父的船，在第一次世界大战中险些被德国U型潜艇的鱼雷击中，莉兹说，如果鱼雷击中她祖父的船，那么她可能就不会坐在这里参加节目了。因此，沉船海难很有可能极大地改变了历史的进程。

1120年沉没的"白船"号就是一个很好的例子。这艘船的沉没改变了历史的进程，因为国王亨利一世的唯一合法继承人在这场沉船事故中丧生。丧子之痛使亨利国王陷入悲痛之中，在他死后，英国陷入了长达18年的毁灭性内战，原因在于为了争夺王位，各个王位竞争者在整个王国内展开了激烈的争斗。

我原本打算把"白船"号作为本书的一个章节。然而，经过一番考虑，我决定从 16 世纪发生的沉船事件开始写。这主要是因为，在 16 世纪之前发生的大多数沉船事件，相关的详细资料很少，但"白船"号明显是一个例外。

在最终确定了我感兴趣的时代之后，我面临的第二大困难就是决定写哪些主题。我从一开始就决定，这本书不仅仅是来描述"100 起最严重的海难事件"。当然了，海上船只失踪，往往离不开遇难者，但是，它也可以是关于以下方面的故事：英雄救援、令人难以置信的幸存者，以及安全措施的改进（因为安全措施改进最终会使海上丧生的概率大大降低）。

如果我只局限于时间跨度长达 500 年的 100 个物件上，不可避免地，大量潜在的主题将无法纳入本书之中。因为在过去，海难事件特别常见，所以我可以很轻松地写出一本关于海难历史的书，只需关注某一年发生的海难事件就足够了。例如，在 1906 年，《伦敦新闻画报》委托我制作了一幅关于 1905 年所有英国沉船的绘画作品，该作品描绘了整个大英帝国在 1905 年损失的 623 艘

⊙　图为在 1905 年沉没的所有英国船只。

船只。

在决定是否包含某一主题时，我往往根据两个因素来判断。第一个因素，是否有一个引人入胜的个人故事要讲。在我看来，当历史与个人的行为或经历有关时，它会变得十分有趣，因为我们可以试着把自己放在他们的位置上设身处地来感受。而帮助我决定是否要写某个主题的第二个因素，是它是否有助于全面描述我们祖先几个世纪以来在海上的经历。整本书中会包含很多的海难事件，因此，对于类似的其他海难事件，即使是广为人知的，我也不得不放弃了。同时，我还试图把英国船只在世界各地的海难事件包括在内：在欧洲、大洋洲、亚洲、北美和南美发生的海难事件，甚至还包括一个发生在极地的海难事件。

关于书中应当包括哪些内容，我自认为作出了适当的取舍，希望能够得到读者的认可。以下内容是关于幸存者和遇难者数字的说明。

除了相对而言发生不算久远的海难事件外，对于多数海难事件来说，不太可能准确统计出丧生或幸存的人数。这里面原因有很多。比如说，基于同期的资料来源（如船东记录、官方调查、乘客和船员名单以及报纸），各方往往对这些数字持不同意见。比如，在蒸汽船"伦敦"号事件中（详见第 40 章），有一些船员是在开船的最后时刻才上船的，因此没有出现在官方的船员名单上，此外，还有一些身份不明的偷渡者，以及一些被认为不重要而没有记录在册的人员，例如头等舱乘客的仆人。又如，蒸汽船"吉达"号（详见第 50 章）的船员承认，他们在编制乘客名单时，没有花费精力去计算儿童的数量。此外，有时候法律上并没有要求保留乘客名单——在内河轮渡"爱丽丝公主"号沉船事件中（详见第 49 章），验尸官承认，他给出大约 650 名遇难者的数字，只是一个估计，因为没有办法知道真实的遇难总人数。

即使在军舰上，虽然相关记录往往更为完整和可靠，但是也可能出现混乱不清的情况。比如，船员在开船前最后一刻才上船和下船，同时，由于各种原因，船只可能载有未记录在册的人员。例如，1782 年，当英国皇家海军军舰"皇家乔治"号在港口沉没时（详见第 17 章），船上载有数量不详的游客、家庭成员、食品售卖者和修理工。有意思的是，英国皇家海军军舰"恐怖"号和"埃里伯斯"号沉没后，对一些遇难者遗骸的 DNA 分析（详见第 30 章）表明，船上可能有身份不明的女性。这些女性可能是妻子、非正式的船上病床护工，甚至是性工作者。这种情况，在 19 世纪后期之前的皇家海军中是很常见的。

1941 年，英国皇家海军军舰"胡德"号沉没，对于伤亡人数，历史上曾给出了不同的数字。英国海军部最初给出的数字大约是 1425 人，后来，由于一些"遇难者"因私自下船或生病而不在船上，所以该数字被修改了。此外，一名在另一艘船上死亡的男子，也被错误地统计在内。直到 20 世纪 80 年代，经过仔细研究，才最终确定了 1415 人死亡的真实数字。

出于以上种种原因，我经常将相关的幸存者和遇难者数字当作一个近似值，有时，如果各种统计结果存在较大偏差时，我会给出一个折中值。

1

海怪

深海怪物被认为是造成沉船的罪魁祸首。

在中世纪和英国都铎王朝时期，人们对深海持怀疑态度，并且不敢冒险到远离陆地的地方去。虽然海员们对鲸鱼很熟悉，但是他们仍然担心，是不是还有其他巨大的野兽在海面下等待他们，随时准备抓住并摧毁一艘倒霉的船只呢？因为《圣经》中提到过海蛇利维坦，所以当时人们相信这样的生物真实存在。对未知事物的恐惧、活灵活现的想象和对真实生物的歪曲描绘，使人们将这等生物描述为可怕的野兽，据说这些可怕的野兽会袭击倒霉的船员，并且摧毁他们的船只。深海里存在的这些危险，无疑可以解释，为什么有些船只始终没有抵达它们的预期目的地。当然了，也许在很多时候，怪物只是人们对海洋旅行焦虑的一种体现。

瑞士博物学家康拉德·盖斯纳，他在1551年出版了自己的成名作《动物史》的第一卷。这本书在英国很受欢迎，是用拉丁文写成的，因为拉丁文是受过教育的欧洲人的通用语言。盖斯纳做了一件以前从来没有人尝试过的事情：他描述并且描绘了每一种已知的动物。尽管他融入了自己的个人观察，但是他无法亲眼看到所有的动物，所以对于这些物种的资料来源，他更多的是求助于古典作家以及当代欧洲学者等。盖斯纳这本书第四卷的主题是鱼，在该卷里，他提供了右图所示的海蛇。他根据瑞典制图师奥劳斯·马格努斯于1539年印刷的插图，复制了这幅海蛇图。

历史上，英国海员关于海怪的书面记录很少。然而，在1583年汉

⊙ 海蛇图，由瑞士博物学家康拉德·盖斯纳绘制。

弗莱·吉尔伯特爵士从纽芬兰回来后，声称看到了一个奇怪的生物：

"它从我们中间经过，向陆地游去，当时我们看到了一头像狮子一样的东西，形状、毛发和颜色都像狮子，但它不是像野兽那样通过脚的移动来游泳，而是通过除了腿以外的整个身体在水中游动，就在我们眼前……它就这样从我们面前游过了，来回地转着头，左右摇摆，张大了嘴巴，露出了丑陋的长牙，而且瞪着眼睛；好像是为了表示向我们告别，它径直冲到后部（船尾），发出了可怕的声音，像狮子一样咆哮或嘶吼……"

1848 年 8 月，英国皇家海军军舰"代达罗斯"号的船员声称，在圣赫勒拿岛和好望角之间，他们看到了一条海蛇。它的外形像一条巨大的蛇，至少有 60 英尺（约 18 米，编者注）长，它的下巴上长满了锯齿状的大长齿，它的嘴巴看起来"足够大，可以容纳一个高个子男人直立状态下站在其中"。船上的船员注视这只野兽达 20 分钟，后来船长为海军部编制了一份报告，并且接受了《泰晤士报》的采访。但是，船员所说的是真是假，至今仍然是个谜。

⊙ 图为 1848 年人们在英国皇家海军军舰"代达罗斯"号上看到海蛇的素描图。

2
来自"玛丽·罗斯"号的念珠

英国国王亨利八世最喜爱的战舰，于1545年在他面前沉没。

这串念珠，是在"玛丽·罗斯"号残骸中发现的众多念珠之一。你可以想象一下这个情境：当船在船员身下沉没时，绝望的船员紧紧抓住这些基督教祈祷珠，寻求神的保护或安慰。

按照现代的标准，"玛丽·罗斯"号不过是一艘小型船只，排水量只有600吨，1510年遵照英国皇家命令在朴次茅斯建造。这艘船的军事生涯非常成功，其航行能力广受赞誉。

1545年7月，一支庞大的法国舰队驶入索伦特海峡。数量上不占优势的英国舰队已经做好迎战的准备，英国国王亨利八世在南海城堡上找到了一个有利位置，亲自观察眼前的这场对战。法国舰队使用的是桨手驱动的大帆船，所

⊙　图为在英国战舰"玛丽·罗斯"号残骸中发现的念珠。

以最初占据了上风，但是由于当时海面上只有微风，所以英国战舰也有能力与法国舰队一战。

首先，"玛丽·罗斯"号右舷炮开火，然后又准备用左舷炮继续射击。不幸的是，在左舷炮开火之前，右舷炮门没有关闭，而且碰巧在"玛丽·罗斯"号转弯时突然刮起了一阵风。最终的结果是"玛丽·罗斯"号被风吹翻了，据说是因为没有关闭的炮门进水了。就这样，海水涌了进来，淹没了下层甲板，把"玛丽·罗斯"号拖向海中，几分钟内就沉没了。当时会游泳的人并不多，所以，船上几乎所有人都淹死了，包括新上任的船长乔治·卡鲁爵士。船上大约有500人服役，只有35人左右幸存下来。

"玛丽·罗斯"号在战前刚刚进行了改装，增加了火炮的数量，而这可能影响了其稳定性。法国人却声称，他们向这艘船开火并且击沉了它：炮弹打到水线或水线以下，可能会引发或加剧水的涌入，无数事实证明这是致命的伤害。"玛丽·罗斯"号沉没的确切原因，可能永远不会为人所知。

我们可以想象一下，国王看到自己久负盛名的战舰在一开始交战就被击毁沉入海里时的反应。然而，这场战斗，英国舰队并没有失败。两支舰队都无法取得决定性优势，所以，四天后法国舰队撤退了。

英国人几乎立即开始尝试打捞"玛丽·罗斯"号，而且聘请了威尼斯专家打捞这艘船，可惜没有成功。1836年，打捞者找到了这艘沉船的踪迹，并将它作为战利品进行抢夺，但仍然没有打捞成功。在20世纪60年代后期，人们重新找到了该沉船的遗骸，1982年，打捞人员使用特殊建造的框架将该沉船的船体从海底打捞出来。现在它在朴次茅斯具有历史性的船坞展出。

"玛丽·罗斯"号的成功打捞，不仅保护了英国宝贵的历史遗产，还促使英国出台了《沉船保护法》。在未来，沉船的历史、考古或艺术价值可以得以保留下来。

⊙　图为"玛丽·罗斯"号军舰残骸。

3

无敌舰队纪念章

该纪念章是为了纪念英国人击败了西班牙无敌舰队，但恶劣的天气造成许多船只倾覆。

1588 年 7 月，英国做好准备，应对西班牙的入侵。西班牙国王菲利普二世派出了一支由 130 艘舰船组成的强大无敌舰队，用于运送军队并且准备在英格兰登陆。然而，虽然西班牙最初的目标是试图征服一个愤怒的新教国家，但是此次行动却以悲惨的失败而告终，多艘西班牙舰船被打散和击沉。来自英国埃芬厄姆的霍华德勋爵，在弗朗西斯·德雷克爵士和约翰·霍金斯爵士的协助

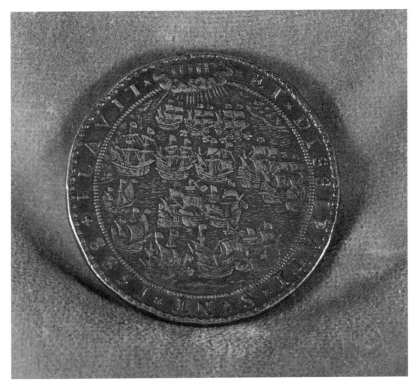

⊙　图为荷兰人铸造的无敌舰队纪念章。

下，带领英国海军英勇抵抗，出奇制胜，拯救了英国，当然当时的天气也帮了大忙。这枚无敌舰队纪念章描绘了英国人追逐受损的西班牙舰船的场景，由英国的新教盟友荷兰人铸造。它的传奇故事，再次印证了风在海战中取胜所发挥的作用。

在无敌舰队刚刚进入英吉利海峡后不久，两艘舰船就因为相撞受损而不得不遗弃了。后来，无敌舰队又在敦刻尔克附近损失了五艘舰船，从而导致西班牙人十分沮丧，无法将入侵英国所需的士兵运到战场。由于受到英国海军和荷兰海军的不断骚扰，同时又无力按计划完成入侵任务，所以西班牙人不得不作出了返航西班牙这一关系重大的决定。由于经由英吉利海峡的直接归途被英国人封锁了，这支无敌舰队不得不驶入北海，试图绕道苏格兰和爱尔兰返回西班牙。英国人一直追赶无敌舰队到福斯湾，阻止无敌舰队上岸。

由于西班牙人根本不熟悉这片北部水域，同时苏格兰和爱尔兰海岸又发生了严重的风暴，情况变得更为糟糕。本来，无敌舰队的一些舰船已经被英国人的炮火严重损坏，雪上加霜的是，风浪又刮走了这些舰船的桅杆、帆和索具，从而导致一艘接一艘的舰船失事了。在苏格兰，"埃尔·格兰格里芬"号，即其中的一艘旗舰，在费尔岛被冲上岸，而"西西里岛圣胡安"号在托博莫里改装时竟然神秘地爆炸了，据推测是英国特工所为。

不仅如此，20多艘舰船在爱尔兰海岸失事了，包括"拉·特立尼达·沃伦塞拉"号（失事地点位于多尼戈尔郡的多尼戈尔湾）、"拉·朱莉安娜·拉维亚"号和"圣玛利亚·德维松"号（失事地点位于斯莱戈郡的斯特里达附近海域）、"圣玛丽亚·德拉罗莎"号（失事地点位于克里郡布拉斯基特海峡）、"圣埃斯特万"号（失事地点位于克莱尔郡杜恩贝格镇附近海域）和"赫罗纳"号（失事地点位于安特里姆附近）。一些西班牙人跌跌撞撞地上岸了，然后被秘密地迎进爱尔兰天主教社区，但是他们中许多人被杀害了，并且他们的尸体和舰船也被抢走了。此外，至少有一艘船"圣地亚哥"号在挪威附近失事了。

当残存的无敌舰队抵达西班牙港口时，这支曾经辉煌和显赫一时的舰队已经损失大约一半的舰船和多达四分之三的人员。虽然西班牙王国当时强大无比，但是在入侵英国时却碰了一鼻子灰。当时的英国是一个小国，认为自己是受到了上帝的庇护，承蒙"新教之风"的恩惠，从而战胜了天主教超级大国西班牙。

4

百慕大的盾形徽章

百慕大，起源于1609年一场英国海难事件。

百慕大是由北大西洋的一群岛屿组成的。它的盾形徽章上有两个显著特征：一只代表英国的红狮，以及一艘在狂风巨浪中触礁的海船。这艘海船名叫"海上冒险"号，1609年，该船与其他六艘舰船一起离开英国普利茅斯港，满载着移居者和物资，驶往位于弗吉尼亚州詹姆斯敦的英国殖民地。可是它始终没有到达目的地。

1609年7月24日，舰队遭遇了猛烈的风暴。一艘船沉没了，其余的船被飓风吹散了。虽然"海上冒险"号与风浪英勇抗争，但是船舱还是严重进水，所以船员和乘客不得不昼夜不停地用抽水机把水排出船舱。一些货物，甚至连

⊙ 图为百慕大的盾形徽章。

船上的大炮都被抛到海里。当船员们精疲力竭之时，船舱里的水达到了临界点，所以沉船似乎不可避免了。然而幸运的是，7月25日早晨，船上的人们看到了陆地。为了活下去，船员们决定让船搁浅，结果"海上冒险"号驶上了百慕大的岩石海岸。

虽然人们已经知道这些岛屿的存在，但是这里无人居住。这些岛屿因与世隔绝的位置、波涛汹涌的海岸和野生动物的奇怪叫声而获得了一个恐怖的名字：魔鬼岛。根据当时流传的一种说法，百慕大居住着邪恶的灵魂，并且"所有的海上旅行者都害怕它，为了活命，都想要避开，这里比世界上任何其他地方都要可怕"。

在失事的"海上冒险"号上，有150人幸存下来，其中包括海军上将乔治·萨默斯爵士，而该舰队是由伦敦弗吉尼亚公司派遣的。幸存下来的这些人，他们一起在百慕大被困了长达9个月。虽然船上存储的物资和岛上丰富的食物，使得他们无后顾之忧，但是他们也遇到了许多挫折。有人死亡，甚至有人被谋杀，不幸中的万幸，发生的多次叛乱都被镇压下去，最终，一名罪魁祸首被送上军事法庭并且被枪决。值得一提的是，幸存者们还建造了两艘新船，而且他们恰如其分地将两艘船分别命名为"解救"号和"耐心"号。造船过程中，他们使用了从"海上冒险"号沉船中打捞上来的木材和索具，以及当地土生土长的木材。1610年5月，这两艘船起航，驶往詹姆斯敦，并且安全抵达。名叫卡特和沃特斯的两名海员被留在了百慕大：他们是该岛的第一批永久定居者。接着，1612年第一任总督上任后，殖民地开始扩张。

1610年末，乔治·萨默斯爵士回到岛上，为詹姆斯敦收集更多的补给，不幸的是，他死在了那里。他的遗体被运回英格兰，几个世纪以来，人们为了纪念他，通常将这些岛屿称为萨默斯群岛。

被困在百慕大的两名幸存者，在返回英格兰后，不久就将他们的经历公之于众，据称他们使莎士比亚获得了灵感，创作了最后一部戏剧《暴风雨》。

5

来自"泰尔"号的加农炮

--场海难事件，导致 1622 年第一批英国人踏上了澳大利亚的土地。

"泰尔"号隶属于英国东印度公司，1621 年 9 月 4 日，在约翰·布鲁克斯的指挥下，启航前往印度尼西亚，船上共有船员约 140 人。虽然是商船，但是英国东印度公司的船只必须全副武装，以抵御海盗和欧洲贸易竞争对手的袭击。这门保存完好的加农炮，是 1985 年从沉船"泰尔"号的残骸中打捞出来的，但是木制的炮架是复制品。

"泰尔"号的航行是一段漫长的旅程，而且当时地球上有很大一部分海域还是没有被勘测的，实事求是地说，其实就是未知的海域，当时的航海地图很粗糙、原始。从历史的角度来看，在"五月花"号把清教徒的父辈们带到了刚

⊙ 图为"泰尔"号上的加农炮。

刚起步的美洲殖民地，两年后，"泰尔"号就从英国启航了，而此时在地图上，澳大利亚基本上还没有被绘制出来，直到1788年"第一舰队"抵达澳大利亚，英国人才开始在那里定居。

1621年，苏伊士运河还没有通航，因此船只必须先绕过非洲的南端，然后穿过印度洋才能前往印度尼西亚。由于布鲁克斯的船员没有一个走过这条路线，所以在好望角，他试图说服更有经验的水手加入他们的队伍，可惜没有成功。3月，他们启程离开了非洲，但是，在1622年5月25日晚上11点左右，"泰尔"号触礁了。布鲁克斯船长、他的儿子和九个人登上了一艘小艇，而英国东印度公司的代理人托马斯·布莱特则和另外35个人登上了大艇。随后"泰尔"号解体，90多人被淹死。

后来，在消除顾虑之后，布莱特声称，其实是船长秘密弃船：船长顺着绳子逃离了"泰尔"号，让其他人听天由命、自生自灭。布莱特坚称，当船正在下沉之时，船长在小艇上装满了私人物品，并且还顺带着从货物中偷走了贵重物品。布莱特说的可能是真的，也可能不是真的，但是，这种做法倒是与布鲁克斯船长的性格相符，他既狡猾又不诚实。比方说，布鲁克斯船长后来在向英国东印度公司报告时，篡改了"泰尔"号的位置，这样，他就可以把船只失事的原因归咎于海图不准确，而不是他自己糟糕的航海技术。

搭载着幸存者的两艘船只（小艇和大艇），最终分别抵达了印度尼西亚和澳大利亚。在大约1800英里（约2897千米，编者注）的航程中，布莱特的大艇上的36人在西澳大利亚的蒙特贝洛群岛停留了一个星期左右。他们因此成为第一批登上澳大利亚土地的英国人。

回到英格兰后，布鲁克斯向英国东印度公司解释，声称是海图的不准确导致船只失事，并且表示自己没有过错。无论如何，英国东印度公司非常后悔没有彻底地调查这次船只失事情况，尤为让英国东印度公司后悔的是，他们竟然决定再次雇用布鲁克斯。1625年，布鲁克斯成为"穆恩"号的船长，而"穆恩"号同样在他手里失事。英国东印度公司怀疑布鲁克斯故意破坏船只和偷窃贵重货物，因此将布鲁克斯监禁起来。然而，当案件调查进行到紧要关头之时，布鲁克斯通过狡诈多端的诡计再次逃脱了惩罚，被无罪释放。英国东印度公司之后没有再次雇用他担任船长。

6

"食雀鹰"号的船体木料

一艘英国船只的残骸，1626 年，该船载着移居者驶往弗吉尼亚，在马萨诸塞州失事。

　　1863 年，人们在一场风暴中发现了一艘船的框架，然后进行复原，重新组装并且公开展出。虽然 17 世纪横渡大西洋的英国船只众多，但是，能够一直保存到现在的船只木料，仅仅就剩下这些了。船体的残骸表明，当时可以用于远洋航行船只的尺寸很小：据估计，"食雀鹰"号大约只有 40 英尺（约 12 米，编者注）长。

　　按照马萨诸塞州普利茅斯总督威廉·布拉德福德的说法，这艘船当时是载着移居者前往弗吉尼亚的。在海上航行了六个星期后，他们耗尽了所有的

⊙　图为"食雀鹰"号仅存的船体木料。

饮用水，并且船长得了坏血病，无法离开机舱。更为糟糕的是，他们迷失了航向，又担心饿死或病死，所以决定尽快靠岸。幸运的是，他们抵达了科德角，但是在波涛汹涌的海面上，海水将他们冲过一个沙洲，进入一个浅湾，趁着退潮，他们把船上货物卸了下来，从而保存了他们的财物。"食雀鹰"号虽然受损了，但是，如果能够找到木料，就能将其修好。

一些印第安人划着独木舟来查看海难的受害者，令他们惊讶的是，这些印第安人竟然能够用英语与他们交流。他们同意将两名船员交给威廉·布拉德福德，并且同时附上一封信函，要求提供食物以及修理船只的材料。布拉德福德及时照办，满足了他们提出的所有要求，并且亲自带领着印第安人回来迎接"食雀鹰"号的船员和乘客。

回到普利茅斯后不久，布拉德福德收到消息说，刚刚修复的"食雀鹰"号在一场风暴中被吹上岸，第二次失事了。这一次，船只的损坏已经无法修复了。于是，这些移居者向布拉德福德提出请求，允许他们在普利茅斯与总督的公民一起生活，直到他们能够前往弗吉尼亚为止。布拉德福德表示同意。布拉德福德是 1620 年乘坐"五月花"号，与清教徒父辈们一起来到马萨诸塞州的，因此，他对这些勇敢的殖民者存在着一种亲切感。

不幸的是，来自"食雀鹰"号的一些人，刚到普利茅斯后，就做出了冒犯这个虔诚的基督教社区的事情。一个叫费尔斯先生的人让一个婢女做妾。虽然他一开始矢口否认，但是几个月后，这个婢女怀孕了，事情败露，瞒不住了，所以他们试图逃跑。还有一些人，做出了布拉德福德委婉地称之为"不愉快"的行为。总而言之，普利茅斯殖民地急于尽快摆脱这些"新朋友"，于是在第二年夏天，来自"食雀鹰"号的这些人，被两艘船送往弗吉尼亚了。不管怎样，这一切似乎都以一种友好的方式结束了，布拉德福德指出，"从那以后，他们中的许多人都从弗吉尼亚州发来了感谢"。

与此同时，"食雀鹰"号的残骸被海岸线上的沙子所掩埋，沉积物在海岸线快速移动，确保了"食雀鹰"号的残骸得到非常好的保护。

7

来自"伦敦"号战舰的袖珍日晷

这艘海军舰艇于 1665 年在泰晤士河口爆炸，350 年后发现了其残骸。

1656 年，英国政治家、军事家奥利弗·克伦威尔下令建造"伦敦"号战舰，但是颇具讽刺意味的是，英王查理二世于 1660 年从流放地返回英格兰时，"伦敦"号恰恰是护卫舰队的一员。在复辟时期，这艘战舰是海军中一艘著名军舰，然而 1665 年 3 月，它却遭到了意外破坏，举国震惊。英国作家塞缪尔·佩皮斯写下了这则突发新闻：

> 今天早上刚到办公室，我就收到了"伦敦"号出事的不幸消息。当时，海军中将 J. 劳森爵士的手下正把这艘船从查塔姆开到霍普（蒂尔伯里附近），因为劳森爵士要从那里乘这艘船出海。但是就在离诺厄（希尔内斯附近）的浮标不远的地方，"伦敦"号却突然爆炸了。仅仅船尾甲板室和经济舱里的大约 24 名男子和 1 名女子获救；其余的 300 多人，都被淹死了；船炸成了碎片，而且船上的 80 门黄铜大炮也一起炸碎了。"伦敦"号沉了下去，只有船尾甲板室还露出水面。这艘船的爆炸，使 J. 劳森爵士损失巨大，包括他精挑细选、培养多年的众多得力手下以及这些手下的许多亲属，都在爆炸中丧生了。我去了皇家交易所，在那里，得知"伦敦"号爆炸的消息，我非常难过。所以我回家吃饭了……

英国作家兼内科医生约翰·伊夫林是负责为海军提供医疗支持的委员之一，他写道："我负责接收那些从'伦敦'号战舰上抢救出来的可怜生命，'伦敦'号意外爆炸了，船上有 300 多人。"

这艘船发生如此猛烈爆炸的确切原因，尚不清楚。然而，爆炸是突然发生的，而且极其猛烈，完全摧毁了这艘战舰，没有任何打捞的希望。虽然英格兰刚刚发起第二次英荷战争，但是当时并没有怀疑这是敌人的蓄意破坏；而且，此前也没有报道说该船是因为起火而爆炸的。

对该场灾难的唯一合理的解释是，船上储存的火药意外点燃。弹药是存放在水线以下的一个被称为船上弹药库的禁区里，那里禁止使用明火。人们猜测，某种程度上，有人违反了这条规定。大家知道，许多水手吸烟，而且蜡烛灯笼是他们唯一可用的点烟方式，因此，海上发生火灾和爆炸，几乎是不可避免的。

有一个精美的袖珍日晷，是从泰晤士河口的淤泥中打捞出来的，其宽度略大于5厘米。它保存得非常完好，四周的数字仍然清晰可见，并且它上面的玻璃组件依然健在。这个袖珍日晷，显然是一个有钱人的物品，在爆炸发生之时，该袖珍日晷可能揣在船上的一名高级职员的衣服口袋里。该袖珍日晷是21世纪在沉船中发现的众多重要物品之一，其他物品还包括加农炮、鞋子、勺子、瓶子和瓦片、滑轮组、木桶、梳子、外科医生专用的注射器，甚至还发现了一些船绳和蜂蜡蜡烛。虽然，真实的遇难人数永远无法得知，但是据估计，很可能超过300人。

⊙ 图为在"伦敦"号沉船上发现的袖珍日晷。

8

灯塔

这座 17 世纪的灯塔，是为了防止海难发生而修建的众多灯塔之一。

海难的故事与防止海难发生而做出的努力和尝试，几乎一样多。自 1499 年，英国塔内特岛上悬崖顶上的灯光，一直在提醒水手们要注意附近的古德温沙滩，直到 1636 年人类才建造了一座真正的灯塔。令人遗憾的是，这座木制灯塔后来被烧毁了。1691 年，现在的北福尔兰角灯塔取代了原先的灯塔。新灯塔是"一座坚固的燧石屋，呈八角形，顶部铁栅栏内燃烧着熊熊的煤火"。

灯塔并不是近代才发明出来的。古希腊人和古罗马人早就使用灯塔了；埃及亚历山大港最负盛名的法罗斯灯塔，是世界古代七大奇迹之一。一座公元 2 世纪的罗马灯塔，矗立在多佛城堡的庭院里，距离北福尔兰角灯塔 20 英里

⊙　图为北福尔兰角灯塔。

（约32千米，编者注）。它是世界上仍然屹立不倒的三座灯塔之一。

几个世纪以来，灯塔都只能建在陆地上，因为技术上的原因，无法实现在海上建造灯塔。这意味着，只要是有水下岩石的地方，对航运来说都是极其危险的，比如贝尔礁（位于英国苏格兰东海岸）、埃迪斯通礁（位于英国德文郡海域）和彭蒙海滩（位于英国安格尔西岛）。

1698年，在埃迪斯通，亨利·温斯坦利建成了有史以来的第一座海上灯塔。该灯塔是木制结构，在1703年的一场大风暴中，灯塔和它的创建者一起都被卷走了。然后，又重新修建了一座木制结构的灯塔，这次使用时间较长，但是在1755年被烧毁了。约翰·斯米顿设计了一种更为稳固的橡树形状的灯塔，该灯塔具有一个宽阔的基座，向上延伸成一个塔形，这是灯塔设计领域的一个巨大的进步。施工时，约翰·斯米顿使用石头建造了埃迪斯通灯塔，而且他还率先使用了新材料，这是一种可以在水下凝固的混凝土。斯米顿的埃迪斯通灯塔，为在其他危险的近海地区建造灯塔提供了参考和借鉴。

除了燃煤，灯塔还可以使用其他物质来发出光亮，相关技术不断发展。

⊙ 大雾中的彭蒙灯塔（又称特尔温杜灯塔），位于英国安格尔西岛的博马利斯。

1698 年，北福尔兰角灯塔一年内消耗了 100 吨燃煤：这不仅成本高昂，而且使用起来也不方便，效率还低。18 世纪 30 年代，灯塔的主人尝试将灯塔的顶部覆盖，使用风箱让火继续燃烧，并且将光亮通过窗户传播出去。这种做法降低了燃料成本，并且可以防止灯标被雨或风熄灭，但是灯塔发出的光亮却太弱了，导致当地沉船的数量大大增加。

19 世纪，灯塔开始烧油，并且使用透镜和镜子放大燃烧产生的光亮，这样在更远的地方也能看到灯塔了。灯塔最终发展为自动运行，不再需要孤独的灯塔看守人了。1922 年，彭蒙灯塔成为第一座自动化灯塔，而北福尔兰角灯塔则是最后一座撤掉看守人的灯塔，于 1998 年才完全实现自动化。

9

威廉·丹皮尔采集的巨型蛤蜊

丹皮尔兼具海盗、制图师、探险家和收藏家多重身份，他乘坐的"罗巴克"号于1701年在大西洋失事。

威廉·丹皮尔生于1651年。作为一个农民的儿子，没有人会预料到他会从事航海事业。尽管出身农民之家，但他17岁时就出海了，随后加入海军，参加了英荷战争。退役后，他在加勒比的一个种植园工作，后来成为一名私掠船船长，甚至当起了海盗，最远航行到澳大利亚，而当时澳大利亚被称为新荷兰。他从自己大量的冒险经历中精心选择了一部分内容，整理成书出版，立即引起了轰动。

英国海军部意识到，丹皮尔可能是一笔财富，因为没有几个英国人去过

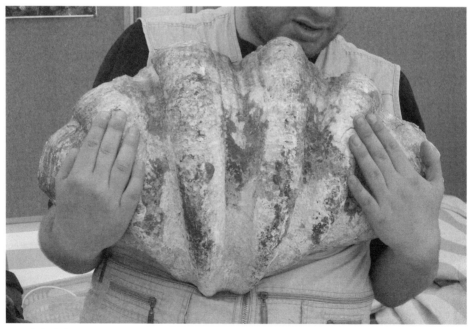

⊙ 人们在发现了"罗巴克"号的出事地点，找到了大蛤蜊贝壳。

新荷兰，而且几乎没有人绘制过新荷兰的海图。所以，尽管丹皮尔有不光彩的过去，但海军部还是委托他绘制新荷兰的海岸地图。虽然丹皮尔不是训练有素的海军军官，但是海军部仍然授予他英国皇家海军战舰"罗巴克"号的指挥权，并于1698年启航前往新荷兰。

丹皮尔与船上的二号指挥官乔治·费舍尔中尉多次发生冲突，因为后者可能不情愿向一个洋洋得意自诩是一名海盗的人报告。他们频繁地争吵，最终导致丹皮尔在船员面前残暴地鞭打倒霉的费舍尔。这种鞭打行为

⊙ 图为霸道的威廉·丹皮尔。

不仅是对费舍尔的羞辱，而且是对海军礼仪的赤裸裸挑衅，因为船上的军官被认为是绅士。不久之后，丹皮尔将费舍尔扔到岸上，而"罗巴克"号继续前进，驶往新荷兰。

1699年8月，"罗巴克"号抵达干燥的澳大利亚西海岸，丹皮尔绘制了大约870英里（约1400千米，编者注）的海岸线海图，并且收集了许多的自然标本。然而，随着船上的淡水越来越少，他的许多手下都患上了坏血病，于是他指挥"罗巴克"号驶往帝汶获取补给。由于长时间的航行，"罗巴克"号也越来越经不起海上的风浪了，所以丹皮尔决定返航英格兰。一路上有过几次停留，但是1701年2月21日，在大西洋的阿森松岛附近，"罗巴克"号发生了严重的漏水。船上的木匠报告说，水线以下的木材已经腐烂，所以这艘船没救了。

丹皮尔让船搁浅，然后尽最大努力把船上的东西运到岸上，没有落下一个手下。他们用船帆制作帐篷，靠乌龟、山羊和泉水勉强维持了五个多星期。4月3日，他们发现了四艘船，乘坐这四艘船，这些人终于回到了英格兰。抵达英格兰后，军事法庭对丹皮尔进行了审判，虽然"罗巴克"号的失事他没有过错，但是他虐待费舍尔中尉，因此法庭判决没收他整个航程的工资。

2001年，人们发现了"罗巴克"号的出事地点，找到了大蛤蜊，还有船钟。这种蛤蜊原产于西澳大利亚海岸，而非大西洋。丹皮尔声称，他本来在澳大利亚收集了许多贝壳，可是，当"罗巴克"号在阿森松岛沉没时，大部分贝壳随之沉入了海底。

10
大海上的暴风云

恶劣的天气造成了无数的船只失事，1703 年的大风暴造成的大破坏尤为严重。

在海难历史上，风暴扮演了尤为重要的角色。风暴不仅摧毁了数不清的船只，而且会导致成千上万的船只从此消失。1703 年 11 月 26 日的大风暴，是一个极端事件，因为它对陆地和海洋均造成了前所未有的破坏。

船只损失特别惨重，因为飓风主要集中发生在英格兰南部，而这里恰恰是贸易中心和许多主要港口的所在地，此外这里还有繁忙的英吉利海峡。英国皇家海军损失了 13 艘舰船，包括英国皇家海军战舰"修复"号、"诺森伯兰"号、"斯特林城堡"号和"玛丽"号，这些舰船都是在古德温沙滩上失事的，

⊙ 图为风暴上空的云层景象。

造成 1000 多人丧生。附近一艘军舰上的一名目击者，描述了英国皇家海军战舰"玛丽"号和舰队的海军少将的最终结局："看到了海军上将博蒙特，他就在我们旁边，还看到他的所有手下，他们爬上了主桅杆，数百人一起大声呼救，期待有人能够救他们的命，可是转眼间他们就被淹死了。"

英国皇家海军战舰"纽卡斯尔"号在朴次茅斯沉没，而英国皇家海军战舰"后备"号在雅茅斯沉没，几乎都没有幸存者。海军上将克劳迪斯里·肖维尔爵士乘坐英国皇家海军战舰"联合"号，在从哈里奇到挪威海岸的途中被风暴吹得失去了控制，人们担心这艘船也失事了。

失事、损坏和被吹离航道的商船就更多了。对于商船损失惨重的原因，作家丹尼尔·笛福解释道，在这么大的风暴下，什么锚也固定不住船只。甚至在伦敦市中心的泰晤士河上，这场风暴也摧毁了大约 700 艘船，这些船挤在一起，头尾相接一个接一个地驶向岸边，这种破坏方式造成的损失是令人难以置信的。同样，在格里姆斯比附近的亨伯河上停泊的大约 80 艘船只中，几乎每一艘都受损了，还有一些沉没了，其余的被吹进了大海。一个大型船队在米尔福德港避难，30 艘商船被毁了，还有 3 艘失踪了，估计是失事了。根据丹尼尔·笛福的推测，在这场风暴中，至少有 150 艘帆船失事。

☉ 太平洋上的一场风暴正在迫近。

　　一个尤为令人心痛的损失是，普利茅斯附近的埃迪斯通灯塔也被这场风暴毁掉了，同时，该灯塔开创性的设计师亨利·温斯坦利也一起丧生。此外，笛福还讲了另一个令人悲痛的故事，作为他对这场风暴描述的结束语。一艘从加勒比海返航的船，桅杆断了，而且船还漏水了，面临着即将沉没的危险。绝望之下，船长叫来了外科医生，他们决定开枪自杀来避免溺水的痛苦。外科医生开枪自杀后，船长却活了下来，并且随后他意识到，他的船已经幸免于难，侥幸存活了下来，事后表明，他草率的自杀行动是大可不必的。

11

克劳迪斯里·肖维尔爵士的肖像

一位杰出的海军上将，1707 年在锡利群岛的一场悲惨的海难中丧生。

克劳迪斯里·肖维尔爵士虽然出身卑微，但是后来晋升为英国海军上将，统领地中海舰队。1707 年 10 月，当占领法国城市土伦的行动失败后，他率领 21 艘战舰返航，途中遭遇了风暴。舰队当时已经靠近英吉利海峡的西部入口，但是恶劣的天气导致他们无法确定舰队的确切位置。肖维尔和他的高级军官们商量后，几乎仅凭猜测便断定，舰队已经接近法国的韦桑岛，因此，舰队进入英吉利海峡的道路畅通无阻了。可惜，他们的判断是错误的。实际上，舰队比预计的位置更靠北。令人费解的是，尽管肖维尔爵士有着几十年的海上经验，但是这位海军上将还是决定在晚上冒着暴雨和大风，并且在不确定自己身在何处的情况下，向东北驶入英吉利海峡。

不幸的是，肖维尔带领他的舰队撞上了锡利群岛附近的暗礁。英国皇家海军战舰的"联合"号，即海军上将的旗舰率先触礁，然后全体船员立即随船一起沉没。"联合"号上大约有 800 名船员，还载有很多乘客。"联合"号沉没之后，"老鹰"号也遭遇了同样的命运，然后是较小的"罗姆尼"号。其他几艘战舰也险些被毁。英国皇家海军舰艇"火把"号是一艘小船，触礁后被整体打捞上来，约有二十三名船员因此得以生还。"罗姆尼"号的生还者只有舵手乔治·劳伦斯。英国皇家海军战舰"凤凰"号受损严重，不得不靠岸抢修；幸运的是，没有人员死亡。

死亡的总人数不太确定，可能有近 2000 人。肖维尔海军上将的尸体，是第一批被冲上岸的。他随身的贵重物品被抢走了，包括两枚戒指，其中一枚戒指上有一大块翡翠，并且镶有钻石。官方进行了调查，试图找到这枚珍贵的戒指，可惜一无所获。肖维尔海军上将的尸体经过防腐处理后被运往伦敦，由安妮女王出资，在威斯敏斯特教堂为他举行了盛大的国葬。

其实，这个悲惨的故事本可以就这样结束了，可是大约 25 年后，据说锡利群岛的一位牧师参加了当地一位妇女的临终忏悔。这位妇女告诉牧师，海军上将肖维尔被冲到岸上时，虽然已经筋疲力尽，昏迷不醒，但是仍然活着，她因为觊觎海军上将身上的贵重物品而杀了他。她拿出了戒指，解释说，她不敢卖掉这么名贵的珠宝，因为害怕一旦卖掉，她的杀人行为就会败露，并且要求将这枚戒指还给肖维尔海军上将的亲属。最终，这枚戒指送给了海军上将的好友伯克利伯爵。

⊙ 图为克劳迪斯里·肖维尔爵士的肖像。

12

"饰有白色骷髅的黑旗"——海盗旗

虽然许多海盗都悬挂过这种海盗旗，但是海盗旗造成的海难事件其实并不多。

这面海盗旗是现代复制品，据说带有 18 世纪早期英国海盗所使用的一些特征，尽管这一时期的海盗旗真品并没有流传下来。虽然不同的海盗使用的海盗旗各不相同，但是旗帜的显著特征却差不多，通常是黑色背景上的各种白骨或头骨。海盗可能会悬挂数量不等的国旗来掩盖他们的真实身份。通常来说，只有当海盗处于抢劫目标的火力范围内时，他们才会升起"海盗旗"，以表明他们抢劫的真实意图。

一般来说，直接毁掉或摧毁他们的猎物，并不符合海盗的最大利益。海

⊙ 图为海盗旗的现代复制品。

盗希望商船最好是不战而降，而商船希望海盗只是抢走货物，而会放过这艘船和船上的人。可是，的确有一些海盗毁掉了他们抢劫的船只。例如，1720 年，约翰·"黑巴特"·罗伯茨驾船驶入纽芬兰的特里佩西湾，"黑色海盗旗漫天飞舞，鼓声震天，号角大作"。一看到他的海盗旗，港口里 22 艘船上的人们就纷纷逃跑了。当黑巴特抢劫完离开时，他仅仅留下了一艘船，而放火烧毁了所有其他的船只。

在很多情况下，相比于摧毁别人的船只，海盗们更擅长摧毁自己的船只。一艘海盗船必须足够坚固，速度快，装备精良，同时足够大，不仅需要能够装下所有的战利品，而且还要能容纳相对庞大的海盗成员队伍和维持他们生活所需的物资。由于海盗的船只在抢劫过程中经常遭受损坏，而且加勒比海的温暖水域对木制船体并不友好（容易导致船体腐蚀），因此海盗船长们非常喜欢新船，当他们麾下先前的旗舰看起来已经达不到海盗船标准时，就会毫不犹豫地摧毁它。

当然了，并非所有海盗船都是被海盗有意毁掉的。1717 年 4 月，声名狼藉的"黑山姆"·贝拉米在马萨诸塞州科德角附近的海上航行，他的海盗船"维达"号遭遇了强烈的风暴，被风暴吹着一路撞向浅滩，最终倾覆和爆裂了。

⊙ 图为"黑巴特"和他设计的海盗旗（1725 年印制）。

第二天，大约 100 名海盗的尸体被冲上岸。1984 年，潜水员重新找到了"维达"号的残骸。在随后的挖掘工作中，发现了刻有该海盗船名字的船钟，以及 1 门加农炮、大量宝石和黄金，以及 1.5 万多枚硬币。

潜水员重新找到的另一艘海盗船残骸，被认为可能是海盗爱德华·蒂奇的旗舰，爱德华·蒂奇外号叫"黑胡子"。1718 年，他的海盗船——名字霸气的"安妮女王复仇"号在北卡罗来纳州寻找避风系泊点时搁浅了。黑胡子毫发无损地逃离了现场，直到 1996 年，潜水员才重新找到了那艘可能是他的海盗船的残骸。

13

《鲁滨孙漂流记》第一版

在《鲁滨孙漂流记》一书中，丹尼尔·笛福讲述了一名海难受害者的故事，该书于1719年出版，为这类体裁的小说树立了标杆。

《鲁滨孙漂流记》通常被认为是最早的具有现代风格的英语小说，这本书第一版中没有出现丹尼尔·笛福的名字。反而，大家普遍将这本书视为一个真实的海难幸存者的自传。书的前言甚至指出，这本书所记录的就是一个真实的

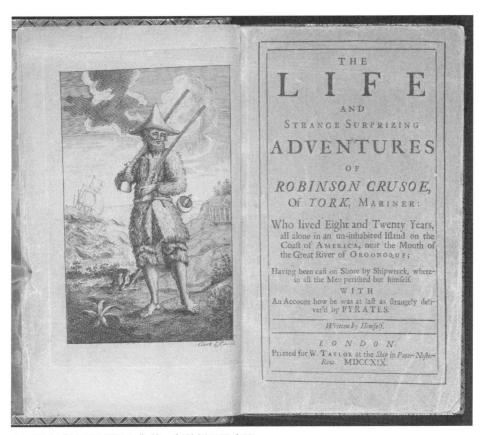

⊙ 图为《鲁滨孙漂流记》第一版的插画及扉页。

故事。书名的全称是"约克水手鲁滨孙·克鲁索的生平和离奇的冒险经历"。在其小说写作中，笛福唤起的现实主义感令人耳目一新，同时也是这本书对读者最具吸引力之处。这本书一经出版，立即成为畅销书。

在书中，克鲁索于 1659 年 9 月 30 日遭遇海难，他被海浪冲到今天特立尼达和多巴哥地区的一个小岛的海岸上。船上一共载有 11 个人，克鲁索是唯一的幸存者。虽然他再也没有见到同船的其他人，但是发现了这些人的三顶礼帽、一顶便帽和两只鞋子被冲到了海滩上。当他从安全的沙滩上眺望远处的沉船时，他对自己能够上岸感到十分惊讶："我把目光投向搁浅的船只，当时海面上波涛汹涌，浊浪排空，我几乎看不到沉船，它躺在很远的地方。主啊！我怎么可能上岸了呢？"接下来，克鲁索开始大量的自我反省、反思并进行了许多冒险，包括他遇到了食人族，拯救了仆人星期五，打败了一群叛变的水手，然后乘着他们的船返回了英格兰。

在"绝望岛"上，克鲁索度过了被遗弃的 28 年，通过自己的聪明智慧得以幸存。尽管主人公明显非常孤独，但是作者也非常巧妙地利用这种孤独，满足了读者的胃口：逃避现实主义。这部小说经久不衰，极大地影响了人们对海难的主流看法，以前大家普遍认为海难是一场浪漫之旅。尤其是在第一版的扉页上，一个男人穿着兽皮在热带荒岛上游荡的形象，影响极大。《格列佛游记》《瑞士人罗宾逊一家》以及《金银岛》中本·葛恩这个人物的创作灵感，都来源于无畏的欧洲人于海难后在陌生世界中顽强生存的故事。

笛福能够对一名荒岛余生者的生活做出如此细致入微的描写，可能源于许多被困在离家乡很远地方的人们的真实讲述。例如，苏格兰水手亚历山大·塞尔柯克在与船长发生争执后，被遗弃在太平洋的马斯蒂拉岛上四年多。1709 年，塞尔柯克被海盗伍兹·罗杰斯解救出来，罗杰斯形容塞尔柯克是"一个穿着羊皮的男人，看起来比羊皮的主人还要狂野，完全成了一名野人"。1966 年，马斯蒂拉岛正式更名为鲁滨孙·克鲁索岛。

14

智利瓦格岛的卫星图像

> 一座偏远的岛屿，以18世纪一场惨重的海难而命名。

英国皇家海军战舰"瓦格"号的失事，是一部堪比好莱坞大片的史诗级传奇故事。这艘战舰隶属于乔治·安森准将的舰队，准备进行环球航行。1741年，"瓦格"号在合恩角遭遇了恶劣的天气，与舰队的其他船只失散了。这艘战舰严重受损，舰员们因患上坏血病而变得虚弱，舰长大卫·奇普在一次跌倒中受了伤。木匠说曾看到了陆地，但船上的中尉根本不相信，因此拒绝向舰长报告木匠说看到了陆地的情况。这是一个致命的判断错误：5月14日晚，这艘战舰搁浅了。大多数人乘小船逃跑了，但是也有几个人喝得酩酊大醉，被落在了军舰上，其中一些人后来淹死了。

"瓦格"号的舰员在一个荒凉的地方上岸——后来这个地方被命名为"瓦

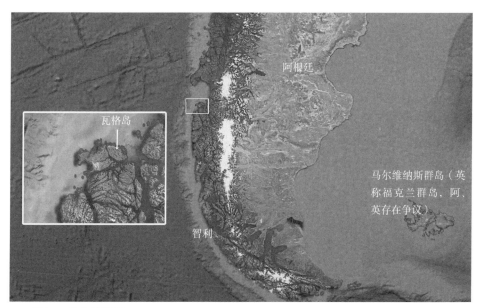

⊙ 图为瓦格岛的位置。

格岛"，以纪念接下来所要讲述的臭名昭著的事件。当时是初冬，他们几乎没有任何食物和住所。炮手约翰·巴尔克利和其他人提议，把船的大艇加长为双桅纵帆船，然后绕过合恩角返回巴西；而奇普舰长想向北航行重新加入安森的舰队。他们因无法达成一致意见，最终发生了兵变。发生了两件事情，导致兵变这个结果几乎无法避免。第一件事情是在六个星期内，由于死亡和一些逃兵的原因，150名左右的幸存者锐减到100人。第二件事情是奇普舰长不妥协的性格，例如，他在没有事先给出警告的情况下，就枪毙了一位深受爱戴的海军候补少尉亨利·科赞斯。

⊙ 船员们使用小船只从"瓦格"号沉船中打捞木料和物资。

接下来发生了一系列复杂的事件。巴尔克利和大多数人乘坐双桅纵帆船离开了，然而当巴尔克利派出一艘小船返回收集更多的船帆时，有两名海军候补少尉回到了奇普的身边。在不同时期，巴尔克利和奇普都曾出于"必要"的理由，而撇下一些虽然身体虚弱但是仍然活着的手下。跟随巴尔克利乘船出走的船员们在海上受冻、挨饿，然后死亡，然而，离开瓦格岛的80人中有30人，到达了巴西里约热内卢。最终，这些人于1743年返回了英格兰。

奇普这边一共有20名船员，但他向北航行的尝试失败了。幸运的是，当他们返回瓦格岛后，他们遇到了当地的一些居民，这些居民同意带领他们从陆路前往西班牙人的定居点。最后，在经历了漫长的磨难之后，奇普和其他三人终于在1745年回到了家乡英格兰。令人难以置信的是，被巴尔克利撇在阿根廷的另外三名船员，也找到了回家的路，回到了英格兰。

不可避免地，船上的军官们要接受军事法庭的审判，军官们在法庭上的表现也许是明智的。发生了兵变，本该受到惩处的军官们克服了公众想象中的种种困难，奇迹般地从海难中逃出并返回了英格兰。在这次事件中，奇普船长既是一个不称职的统帅，同时也是一名杀人犯。军官们都被无罪释放了，只有中尉受到了训斥，因为他没有在失事前向船长报告木匠曾看到陆地这一情况。

15

威廉·福尔克纳的史诗著作《海难》

这些半自传体的诗歌写于 1762 年，后来成为一本畅销书。

在这幅 18 世纪威廉·福尔克纳《海难》的复制品上，有一朵古香古色的紫罗兰——死亡的象征。福尔克纳通晓海难悲剧和船员丧生方面的所有事情。1760 年，在英国德文郡海岸，"拉米利斯"号军舰被撞碎，作为舰上的一名海军候补少尉，福尔克纳幸存了下来。当时，由于计算失误，军舰的军官们意识到他们被向岸风吹向陆地之时，已经为时已晚。"拉米利斯"号的锚撑不住了，无法固定船只，然后军舰被无情地冲到了岩石上，撞得粉碎。在最后时刻，福尔克纳和其他 25 人勇敢地向海岸边跳去，从而幸免于难，但 700 多人在这场海难中丧生。然而，这并不是福尔克纳唯一一次与死神擦肩而过。他还曾担任

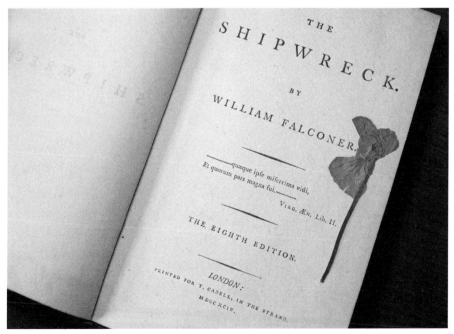

⊙ 图为《海难》扉页。

商船"不列颠尼亚"号的大副，该船在地中海中沉没。在 50 名船员中，福尔克纳是仅存的 3 名幸存者之一。

这些真实的经历，都体现在福尔克纳最著名的诗歌作品中。《海难》于 1762 年一经出版，便大获成功。在 18 世纪，这本书有多个版本，即便在整个 19 世纪中，这本书也一直非常流行。书中诗歌有 2700 多行，讲述了一对恋人帕利蒙和安娜、他们的朋友亚里奥，以及一艘名为"不列颠尼亚"号商船上船员之间的故事，帕利蒙和亚里奥两人均在"不列颠尼亚"号商船上工作。船只在希腊海岸失事，但是帕利蒙和亚里奥他们两人都活着爬上了岸。可是，当亚里奥发现帕利蒙伤得太重无法活下去的时候，他对朋友历经海难之后仍然活着的喜悦，立刻消失不见了。不久之后，帕利蒙去世了，手里紧握着他心爱的安娜的肖像，他把肖像挂在了脖子上作为吊坠。亚里奥这个人物角色，被认为代表的是福尔克纳本人。

福尔克纳根据自己的经历写出有关船只和海难的作品，他还以脚注的形式为外行读者解释航海术语。在那个海上死亡司空见惯的不幸时代，福尔克纳的这种做法，使得无论是海员还是陆地上生活的人们，都能够读懂他的作品，并且收获读者的赞赏。

⊙ 在 18 世纪《海难》的一幅插图中，亚里奥安慰垂死的帕利蒙。

虽然作品大获成功，但是福尔克纳没有放弃对海洋的探索。1769 年，他再次改行，加入了英国东印度公司。1769 年，他担任"奥罗拉"号的乘务长，但由于船长的不明智决定，"奥罗拉"号航行在马达加斯加岛和非洲大陆之间危险的莫桑比克海峡。"奥罗拉"号和倒霉的福尔克纳再也没有回来。1775 年，一名自称是幸存者的男子接受了船主的问讯，他说："奥罗拉"号撞到岩石上沉没了。他和另外四人是幸存人员。

这一切似乎是命中注定的，福尔克纳，一个因海难而成名的人，最终却死于一场海难。当时他只有 37 岁。

16

富热尔城堡

在英国皇家海军舰艇"阿瑞图萨"号失事后，船上的许多船员被关在这个可怕的城堡之中。

海难的折磨及其影响，会在一个家族的记忆中挥之不去。1994年，西蒙·威尔斯的叔祖父给他讲述了其祖先托马斯·威尔斯的故事。托马斯的船失事后，他挣扎着爬上岸，却被囚禁在法国一座堡垒里长达一年之久。

托马斯曾是英国皇家海军军舰"阿瑞图萨"号的舵手。1778年，"阿瑞图萨"号曾与一艘法国护卫舰"拉贝尔伯爵"号交火，但是没有击败对方。两艘军舰都严重受损，然后各自驶离战场，但法国人认为，英国拥有巨大的海上优

⊙ 图为法国富热尔城堡。

势，未能俘虏他们的护卫舰，所以法国人获得了胜利。这导致"阿瑞图萨"号在英吉利海峡两岸都声名狼藉。

第二年，"阿瑞图萨"号追击另一艘法国护卫舰"艾格雷特"号。一场大战之后，"艾格雷特"号等来了援军，所以"阿瑞图萨"号不得不撤退。然而，在当天夜里晚些时候，英国人在黑暗中看到了一艘船只的顶灯，于是开过去准备突袭。不幸的是，这些顶灯实际上是岸上的灯光，而"阿瑞图萨"号在攻击过程中，撞在了布列塔尼大区阿申特岛附近的岩石上。托马斯和船员们拼命地用船帆盖住被撞出的巨洞，抽走海水，向船外扔出加农炮来减轻船的重量，希望可以挽救这艘船，但是他们的希望破灭了。"阿瑞图萨"号很快就被海水灌满了，所以他们只好让船搁浅，弃船逃生。虽然他们幸运地爬上了岸，并且没有一个人丧生，但是很快就被法国士兵抓住了。

"阿瑞图萨"号上的大部分船员，都被囚禁在富热尔城堡里，该城堡位于法国圣马洛市以南约40英里（约64千米，编者注）处。这里拥挤不堪，几乎没有卫生设施，只有少量的食物配给，船员们只能苦苦挣扎。船员们每周会得到少量的零花钱以及一些最基本的衣物，因为他们身上只有船只遇难时穿的衣服。威尔斯家族普遍认为，在迷宫般的堡垒中，托马斯·威尔斯将自己的名字刻在了一根天花板的横梁上。或许，他的名字现在还在那座城堡里的某个地方。

⊙ "阿瑞图萨"号与"拉贝尔伯爵"号正在交火。

被囚禁了一年后，托马斯和其他一些船员于1780年返回了英格兰。因为英国与法国有一项战俘交换计划，这意味着，两国可以根据该计划相互用俘虏换回同等数量的己方被俘人员。

海难受害者或幸存者的家族故事经久不衰的原因，要么是造成了巨大的创伤，要么是极富戏剧性。然而，很多这样的传奇故事的结局并不如此美好。

17

采用"皇家乔治"号木料制成的鼻烟盒

没有遭遇暴风雨，没有炮火，也没有敌人的进攻，这艘船在光天化日之下竟然抛锚沉没了。

1782 年 8 月 29 日，英国皇家海军军舰"皇家乔治"号停泊在英国朴次茅斯附近的斯皮特黑德海峡（索伦特海峡的组成部分）。这艘军舰很大，有 100 门大炮和相当多的船员。除此之外，船上还有从事维修工作的工人、探亲的数百名亲属、向船员出售货物的商人、往船上装货的食品商贩，以及妓女。虽然船上的总人数尚不清楚，但是估计有 1200 人。

当船向一侧倾斜，以便木匠们在船舶水线以下的部位进行工作时，船员以外的人员仍然待在船上。毫无疑问，这种做法会导致船不太稳定，在上午 10 点左右，船突然进水了。一名木匠向一名中尉发出了警告，说危险即将来

⊙ 图为采用"皇家乔治"号木料制成的鼻烟盒。

临，但是中尉对木匠的警告不予理睬。当上尉意识到情况的严重性时，为时已晚，一切都来不及了。

几分钟之内，"皇家乔治"号就像石头一样，轰然沉没了。目前还没有确切的死亡总人数，但是根据当前纪念碑上的人数估计，大约有900人死亡，其中包括海军少将肯彭菲尔德，他被涌入的海水困在自己的船舱里。大约有300人获救，包括舰长马丁·瓦格霍恩。

在军事法庭上，瓦格霍恩和其他幸存的军官被判无罪。据称，根据对"皇家乔治"号的调查，发现水线以下有一些木料已经腐烂，并且船的整体框架可能是由于船体倾斜产生的压力而破裂的。然而，超载导致船体倾斜过大，可能是主要原因，以至于下炮门进水了。"拉克"号单桅帆船，当时正在"皇家乔治"号的下舷处装载货物，这进一步导致了"皇家乔治"号战舰失去了稳定性；最终，"拉克"号和"皇家乔治"号一起沉没了。

"皇家乔治"号刚刚沉没，人们就开始着手制订沉船打捞计划。虽然打捞出来了一些加农炮，但是事实证明，让船重新浮起来是不可能办到的事情。

⊙ "皇家乔治"号沉没后，英国皇家海军试图打捞该舰。

19世纪30年代，潜水员找到了更多的沉船物品，并且发现该船的大部分木料仍然完好无损。打捞者将船体的橡树木料收集起来，用来制作各种廉价的小饰品。在当时，这种做法并不被认为是对死者的不尊重。此处展示的是一个具有代表性的鼻烟壶，它制作于1839年，上面有金字铭文，证明了它的出处。人们对这艘船的残骸一直很感兴趣，以至于1840年出版的一本关于这艘船失事和打捞内容的书很受欢迎，而且这本书的封面是采用英国皇家海军舰艇"皇家乔治"号的船体橡木制成的。该船的木料，有的甚至被用来制作台球桌，但使用水下墓地的木材来打造游戏器具，在维多利亚时代被认为是粗俗和低级趣味的。有趣的是，伦敦纳尔逊纪念柱的青铜材质科林斯式顶部，就是采用英国皇家海军舰艇"皇家乔治"号上的加农炮制成的，为此，将这些加农炮熔化掉了。

18

来自帕劳的盖碗

幸存者凭借着自己的聪明才智以及与太平洋岛民建立的友情，顺利化解了一场海难。

"羚羊"号是英国东印度公司旗下的一艘船，由亨利·威尔逊指挥。1783年8月10日晚上，"羚羊"号从中国澳门出发，在太平洋上航行之时，遭遇了一场风暴。突然之间，用威尔逊船长原话来说就是："负责瞭望的船员大声喊道，遇到碎浪区了！可是，他通知得太晚了，喊叫声还没有传到甲板上的军官那里，船就触礁了。""羚羊"号已经撞上帕劳群岛的暗礁。

"羚羊"号上的所有人立即明白，他们的处境非常危急，雪上加霜的是，船只已经无法修复，水无情地涌了进来。船员们竭尽所能拖延船只的下沉时间，从而为他们弃船争取更多时间。为了防止船只倾覆，他们砍断了桅杆。船长恳请船员们不要绝望，也不要喝醉。然后，船长命令将救生艇吊起，里面装

⊙ 图为产自帕劳的木制鸟形盖碗。

满了食物、水、武器和罗盘。船员们穿好了衣服，吃了些食物，然后一直等到黎明，以便可以确定他们所处的位置。

他们等到了黎明的到来，但是风暴仍没有结束，不过有一个好消息：他们借着黎明的光亮确实看到了一个小岛，可以划船过去。船员们一开始担心岛上的居民可能对他们怀有敌意，但是后来发现岛上似乎一个人也没有。留在"羚羊"号上的人们做了一个筏子，把人员以及食物、设备和其他物品分多次运到岸上。不幸的是，在这个过程中，有一个人掉进水里淹死了。然而堪称奇迹的是，其他人均获救了，甚至包括船上的两条狗。

两天后，八名当地居民划着独木舟出现在他们面前。尽管双方都怀有恐惧并且紧张不安，但还是用马来语进行了交流，因为"羚羊"号的一名船员会说马来语。这样，海难幸存者与当地居民首领阿巴·图尔之间逐渐建立了友好的关系，而且后来阿巴图尔还多次与他们见面。

幸存下来的船员们决定使用"羚羊"号的木料来建造一艘新船，因为他们从沉船中获得了足够的木料。与此同时，船长威尔逊的一些手下请求协助阿巴·图尔与他的敌人进行战斗，为了保持良好的关系，船长威尔逊同意了这些手下的请求。

船员们花了三个月的时间建造了新船"奥罗龙"号，并且于11月启程前往中国澳门。应阿巴·图尔的请求，他们还带上了阿巴·图尔的儿子李·博，以便当地人可以更多地了解欧洲社会。他们从中国澳门回到英格兰。李·博是一个聪明而有魅力的人，他和威尔逊一家住在一起，但不幸的是，李·博在到达英格兰大约六个月后死于天花。

⊙ 图为帕劳当地首领阿巴·图尔的肖像。

启程前，阿巴·图尔举办了一场宴会，席上，威尔逊一行人喝了一杯甜饮料，盛在一只鸟形的木制大盖碗里，上面镶嵌有贝壳。这只碗也是当地人赠送给威尔逊的众多帕劳手工制品中的一个，威尔逊把这些工艺品带回了英格兰。这些工艺品是现存最早的帕劳文物之一。

19

救生艇设计方案

莱昂内尔·鲁金在1785年设计了世界上第一艘救生艇，但他生前并未获得殊荣。

莱昂内尔·鲁金住在英国伦敦，是一名极具工程天赋和原创思维的四轮大马车制造工人。例如，他发明了雨量计和医院使用的可调节倾斜床。虽然鲁金不是航海出身，但是当他了解到许多人因为船只倾覆而在海上丧生时，他下定决心解决这个问题，并且他一生中最重要的这个发明于1785年获得专利。他将该发明称为"不会突然沉没的小船"，因为该小船即使灌满水也不会沉没。

鲁金的设计采用了水密气囊和软木塞，以增加小船上部的浮力，同时在小船底部（龙骨）处配有压铁，不仅可以降低小船倾覆的风险，而且能够在发生倾覆时帮助小船自行扶正。

鲁金的发明引起了英国诺森伯兰郡执事长约翰·夏普的注意，夏普要求鲁金按照新发明的样子，把当地的一艘小船进行改造。这是有史以来第一艘专门建造的救生艇，并且在班堡投入使用，拯救了众多生命，可惜，这个发明在其他地方没有被广泛采纳。鲁金免费分享了他的设计，希望能够对其他人有所启发。

然而，在1789年，一场惨剧发

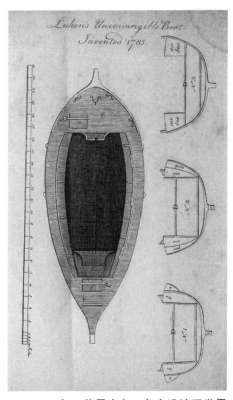

⊙ 1785年，莱昂内尔·鲁金设计了世界上第一艘救生艇。

生了。一艘名为"冒险"号的船在泰恩河口失事了，可是，在狂风暴雨的大海中，没有人能够拯救落水的船员，因为当地的船只无法胜任这项工作。结果，所有的船员都被淹死了。这促使一个地方委员会发起了一项全国性的竞赛活动，以发明一种能够抵御恶劣海上环境的救生船。

虽然这场竞赛活动最终没有绝对的胜出者，但是威廉·威尔哈的金属船壳设计被评为最佳，并且他得到了一半的奖金，可是这让他非常不平衡。另一位参赛者，即造船商亨利·格雷海德，随后被委托将威尔哈的设计与其他人的设计（包括格雷海德自己的设计）结合起来，来建造一艘木制救生艇。尽管格雷海德的船保留了一些自己的特征，但是在主要结构上与鲁金的船相同，比如轻型的上部结构和重龙骨。

令鲁金尤为气愤的是，格雷海德竟然被誉为"救生艇的发明者"，接着英国议会授予格雷海德大量的奖金，并且英国的国家机构（如领港公会）对格雷海德进行了表彰。但是，不可否认，在发明的应用推广方面，格雷海德成功了，而鲁金失败了：英国建造了许多的格雷海德式救生艇，并且这些救生艇在英国海岸的 30 多个地点投入使用。

⊙ **图为亨利·格雷海德的救生艇。**

鲁金于 1834 年去世，享年 91 岁，但令人惋惜的是，他对航海安全作出的重要贡献没有得到应有的重视。他的墓地位于英国肯特郡海斯，墓碑上写道："他是第一个建造救生艇的人，也是航海安全原则的最早提出者。他提出的安全原则，使许多生命和财产在海难中得以保全，并且，他在 1785 年获得了国王授予的专利。"

20

镜子

"哈尔斯韦尔"号的失事令人触目惊心，以至于国王坚持要亲自查看失事现场。

"哈尔斯韦尔"号是英国东印度公司旗下的一条船。1786年1月1日，在英国肯特郡的迪尔港，"哈尔斯韦尔"号搭载最后一批乘客后，在理查德皮尔斯船长的指挥下开启了最后一次航行。同时，这艘船上还载有一批士兵。

1月3日，英国多塞特郡的海岸出现了一场猛烈的风暴，在滔天巨浪的冲击下，"哈尔斯韦尔"号大量进水。令船长感到惊愕的是，货舱里很快就积聚了几英尺（1英尺≈0.3米，编者注）深的水。船员们与恶劣天气抗争了整整三天，他们张开船帆试图避开陆地，不停地使用抽水机抽水，并且最终还砍断了两根桅杆。在船只即将沉没的最后几个小时里，尽管已经抛下两个船锚，但是"哈尔斯韦尔"号还是脱离了控制，向海岸驶去。1月6日凌晨2时，这艘船猛烈地撞上了英国圣阿尔德海姆角附近的悬崖，在猛烈的撞击之下，船上的人都被抛到了空中。

当时天又黑又冷。起初，船员们希望等到黎明再弃船，可是"哈尔斯韦尔"号开始解体了。皮尔斯船长意识到他心爱的女儿们已经没有获救的希望，所以皮尔斯选择与自己的女儿们以及其他女乘客待在一起，等待死亡的到来。不过，尽管许多人逃生失败了，还有一些船员和士兵想方设法从船上爬到岩石上。遭受重创的"哈

⊙ 图为从"哈尔斯韦尔"号沉船上打捞上来的镜子。

⊙ 沉船发生地点——多塞特郡的悬崖。

尔斯韦尔"号突然破裂，把船上的所有人都带向了死亡深渊。正如一名幸存者所描述的那样，突然一声尖叫，"明显感觉到是女性的痛苦声音"。

与此同时，许多人在悬崖底部的一个洞穴中寻找庇护所，而这些悬崖大约有100英尺（约30米，编者注）高。其他人则紧紧抓住他们能够抓到的黑色岩石。然而，无情的波浪、冰冷的海风和上涨的潮水，使许多人无法坚持太长时间，然后一个接一个地掉进了狂风暴雨中的大海。

在度过了令人绝望的几个小时后，一些人开始尝试爬上悬崖，过程中有几个人掉下去摔死了。令人兴奋的是，厨师和军需官成功爬上了悬崖，然后他们发出了求救信号。当地牧师摩根·琼斯写道："目之所及的水域内，满是漂浮的尸体、桌子、椅子、木桶和船上其他物品。"很快，当地采石场的工人闻讯来到了失事现场，用绳子一个一个地把幸存者拉了上来。"哈尔斯韦尔"号上大约有286人，但是只有74人获救。许多尸体被冲到当地的海岸上，甚至在很远的新西兰克赖斯特彻奇也发现了尸体。

这是一场十分悲惨的沉船事件，成为当时诗歌、书籍、音乐、布道甚至声光表演的主题。后来，包括特纳和吉尔雷在内的艺术家都将该沉船事件描绘出来。"哈尔斯韦尔"号的故事深深触动了国王乔治三世，他和家人来到悬崖顶上查看悲剧的发生现场，国王当场泣不成声。

这面镜子，目前在当地的一座教堂展出，它是随后几天从沉船中打捞出来的众多物品之一。也许，这面镜子是船长某个殒命的女儿使用过的。

21

冰山

"霍巴特夫人"号上幸存者的经历，是19世纪早期一个著名的传奇故事。

许多船只因撞上冰山而失事，其中最著名的是1912年的"泰坦尼克"号。但是，"霍巴特夫人"号事件，是最早的有详细记载的故事之一。1803年6月23日，一艘武装邮船"霍巴特夫人"号从加拿大新斯科舍出发，由威廉·费罗斯船长指挥前往英格兰。航行三天之后，他们发现并俘获了一艘法国纵帆船。除了留下法国船长和两名船员外，费罗斯船长将法国纵帆船上的其他船员连同战利品，送上了开往纽芬兰的英国船只上。

6月28日，一场暴风雨出现了，当时海面波涛汹涌，能见度很低。第二天凌晨1时左右，在黑暗之中，"霍巴特夫人"号猛烈地撞上了一座冰山，几名船员从吊铺上被抛了出来。尽管船员们竭尽全力试图避开冰块，船还是再一次撞上了冰块。冰山巨大无比，至少有船的主桅杆两倍高，长度超过四分之一英里（约402米，编者注）。船员们争分夺秒地去挽救他们的船：将船锚和枪炮从船上放下来减轻船体重量，用水泵和水桶排走涌入的海水，用船帆盖住船身上撞击形成的裂口，但船体受损十分严重。

费罗斯船长命令将船上的小艇和小船放下水。此时是黎明时分，天气寒冷，狂风暴雨，而他们距离纽芬兰岛仍有大约350英里（约563千米，编者注）。幸运的是，在"霍巴特夫人"号沉没之前，船上有29人爬上了救生船。这群人里有5名乘客，还有3名法国囚犯，其余都是船员。一开始，

⊙ **图为海中冰山。**

他们因被一大群鲸鱼包围而紧张万分，但幸运的是，鲸鱼并没有袭击他们的救生船。

幸存者挤在两艘小救生船里，几乎没有活动空间，而且船舷离海面只有几英寸（1英寸=2.54厘米，编者注），所以他们始终担心被淹没。同时，他们需要不断地摆脱各种困境。他们的食物非常匮乏：在第一天，每人只能吃半块饼干以及喝一杯酒。虽然大雨很快就把他们淋透了，但是他们还是坚持划着救生船，而且一旦条件允许，则扬帆前进。天气变得越来越糟，而且非常寒冷，海水掠过救生船时，浪花会在空气中冻住。没有人穿着适合乘坐敞舱船的厚衣服，无法移动甚至无法伸展肢体，这几乎令人无法忍受。在最糟糕的日子里，是一杯朗姆酒救了他们，喝了之后身体开始发热，增强了他们抵御寒冷的能力。此外，他们还经常祈祷，寻求上帝的帮助。

7月2日，天气太冷了，他们的手脚都冻紫了，几乎每个人都动弹不得。暴风雨将两艘救生船分开了两次，但幸运的是，两艘救生船最终重新汇合了。由于缺少淡水，船上的人都非常口渴，其中一些船员喝了海水后变得神志不清。7月3日，被俘虏的法国船长一时心灰意冷，突然跳下船，消失在汹涌的波涛之中。还有一个囚犯因难以管束而被捆绑起来。

在海上漂浮了七天之后，他们终于发现了陆地，竭尽全力用船桨划向陆地。当被一艘纵帆船救起时，他们都非常虚弱了，必须即刻送到安全地带，而且后来，有些人因为冻伤而失去了手指和脚趾，但他们都奇迹般地活了下来。

⊙ 当代手绘彩色铜版画——"霍巴特夫人"号的沉没。

22

步枪的火石

火石是"阿伯加文尼伯爵"号沉船上的货物之一。

约翰·华兹华斯（英国浪漫主义诗人威廉·华兹华斯的兄弟）是英国东印度公司的一名船长。他曾两次指挥"阿伯加文尼伯爵"号前往中国，但在1805年2月5日，即他第三次启航后不久，这艘船失事了。船上装载的货物包括硬币、瓷器和葡萄酒（葡萄酒后来找回），同时还有军用枪炮所用的大量火石。火石是武器射击装置的重要组成部分，一旦磨损，必须更换。

华兹华斯船长在离海岸不远的地方丧生。威廉深感悲痛，所以写了许多抒情诗歌。他对大自然的热爱众所周知，经常借此表达自己的情感，没有比《挽诗——纪念我的兄弟约翰·华兹华斯》更为忧郁的了，它如此开篇：

⊙ 图为"阿伯加文尼伯爵"号上的步枪火石。

牧羊男童大声吹着口哨，说道，看啊！
那一刻，我大为震惊，
秃鹰从岩石上飞了起来，
从容地，缓慢地：
他是空中的主宰，他飞走了；
哦！在那个悲惨的夜晚，他能飞起来吗？
借你一双翅膀，我亲爱的兄弟，
当安全近在咫尺之时，
为了给你不多的片刻逃生空间，
以及所有与大海搏斗的人们。

导致约翰丧生的事件，是韦茅斯派来的一名不称职的领航员造成的。由于领航员上班迟到了，"阿伯加文尼伯爵"号错过了最佳的潮汐时刻出海，接着领航员领航的航线也出现错误，船只搁浅在粗砾沙滩上。

由于被潮水困住，船体不断撞击岸边，直至最终船体破裂，海水涌了进来。涨潮时，"阿伯加文尼伯爵"号趁机溜了出去，华兹华斯船长试图在浅滩上靠岸。然而，涌入船上的海水太多了，远远超出了水泵的排水能力，根本抽不完。大副说："长官，我们已经竭尽全力了，船马上就要沉了。"船长回答道，"这是没有办法的事情——上帝的意志没人能够改变。"11时，在一股汹涌海水的冲击下，船只沉没了：它是在一瞬间就沉没了，离安全的地方只有约1.5英里（约2.4千米，编者注）的距离。

大多数幸存下来的人，是因为爬上了索具：由于船只是直立沉没的，当船体撞到海床时，桅杆顶是露在海面以上的，人们可以从这里获救。船上有400多人，263人遇难，其中包括约翰·华兹华斯。几周后，在韦茅斯附近的海滩上，发现了他的遗体。许多人认为威廉·华兹华斯诗歌创作量大幅下降，是因为痛失这位兄弟。一些沉船上的火石被冲上岸或由潜水员打捞上来。

⊙　幸存者紧紧抓住"阿伯加文尼伯爵"号的桅杆顶。

23

东印度公司的铜代币

代用币，从 1809 年沉没的"加德纳海军上将"号沉船中打捞出来。

1809 年 1 月，"加德纳海军上将"号载着大约 100 名船员从英国泰晤士河上的布莱克沃尔驶往印度马德拉斯，船上还装载着沉重的货物，包括铁条、铁链、锚和炮弹。此外，还运载着大约 50 吨的铜代币，铜代币是装在桶里的。英国东印度公司将铜代币作为货币，以支付当地员工的工资。

1809 年 1 月 24 日晚上，"加德纳海军上将"号在南福尔兰角附近抛锚停泊。由于风越来越大，越来越猛烈，船长威廉·伊斯特菲尔德担心船会被吹到古德温沙滩上。船员们无法把所有的船帆都收起来，故寄希望锚索能够固定住船只，但是海风无情地将船只吹向古德温沙滩方向。当潮水转向时，本来期待船只可以借此避免搁浅，但是海风继续把船推向危险的深渊。1 月 25 日清晨，在船只的背风侧，白色的浪花在浅水中翻滚。虽然已经不可能挽救了，但是伊斯特菲尔德船长还是下令砍掉主桅和后桅，试图减轻船只的重量。当他们正在砍掉主桅和后桅之时，"加德纳海军上将"号撞上了古德温沙滩，在巨大的波浪中，大海完全淹没了这艘船。

在英国皇家全国救生艇协会成立之前，那些去救援失事船只的人，都是开着当地小船的志愿者，而这些小船只不一定是为在波涛汹涌的大海中救援而专门设计的。海难发生后，肯特郡迪尔港的船夫们勇敢地划着小船出海，试图进行营救。虽然大海上充满了挑战，但是他们最终几乎成功救下了"加德纳海军上将"号上的所有人，只有一个人没有获救。同时，英国东印度公司的一艘护航船"不列颠尼亚"号也失事了，造成 7 人丧生。

这两艘船都解体了，残骸分散在各处。事实证明，当时无法打捞两艘沉船中任何一艘上的任何东西。

"加德纳海军上将"号沉船的大致位置，是在 20 世纪 70 年代中期发现的，当时一艘挖泥船打捞出了一些铜代币。在 20 世纪 80 年代，由于当地渔民的渔

⊙ 图为"加德纳海军上将"号上的铜代币。

网好像一直被什么东西绊住，据此更为精确地定位了沉船的位置。在这一时期，找到超过 100 万枚英国东印度公司铜代币，以及一个完整的水桶，里面装有 2.8 万枚硬币。这些铜代币被称为"现金"，源自泰米尔语 Kasu，意思是硬币。

24

一个瓶子里的信息

1825 年"肯特"号沉没后，一条充满绝望的信息被冲上岸。

在巴巴多斯的芭丝谢芭海滩上，一位游泳者在一个瓶子里发现了这段令人心酸的话。便条上写着：

> 印度大商船"肯特"号着火了。伊丽莎白、乔安娜和我自己，把我们的灵魂交托给我们神圣的救赎主手中——他的恩典，使我们在进入永恒之前的可怕景象中，能够相当镇定。
>
> D. W. 麦格雷戈
> 1825 年 3 月 1 日比斯开湾

我们从沉船事件的报道中了解到，那些面临死亡的人们，通常想给他们的亲人留下遗言，这是非常正常而且可以理解的，但是更为重要的是，他们想要向亲人解释他们丧生的原因，因为没有人希望自己消失了，而家人永远疑惑不解。

"肯特"号当时是一艘运兵船，载着英军第 31 步兵团的官兵及其家人驶往印度。指挥"肯特"号的军官是费伦中校，其副手是邓肯·麦格雷戈少校，瓶中信息就是麦格雷戈少校写的，当时，他内心平静而且态度虔诚。

离开英吉利海峡后不久，船上的一名军官到船底去缚牢一些散货，但是提灯掉到了地上，而恰巧此时一桶烈酒突然裂开了。就像有人扔了个汽油弹一样，整个货舱很快就熊熊燃烧了起来。在当时那个年代，帆船上发生火灾是十分可怕的，因为船体和桅杆都是木制的，更为糟糕的是，索具和甲板都是经可燃沥青浸泡以防水。因此，大火很快就完全失控了。此刻，麦格雷戈少校抓起一支铅笔，写下了这段勇敢无畏的遗言，因为这艘船和船上大约 630 人的彻底毁灭似乎是不可避免的。这段留言的收件人是他的父亲。船上的火药储备迟早会被大火吞噬，"肯特"号迟早会爆炸。

然而，出乎意料的是救援队——双桅帆船"坎布里亚"号马上赶到了。"坎布里亚"号的船长威廉·库克发现"肯特"号冒出浓烟，然后他冒着极大的风险，竭尽全力营救"肯特"号上的人。凌晨2点，虽然"肯特"号发生了爆炸，但是"坎布里亚"号还是设法返回，并且从漂浮的残骸中救出了另外14人。库克的英雄壮举共挽救了547人的生命，但是仍然还有81人（包括54名士兵、1名妇女、20名儿童、1名水手和5名男孩）不幸遇难。

令人欣慰的是，麦格雷戈少校以及他的妻子和女儿在这场灾难中幸存下来，并且因在逆境中表现出来的勇气和领导能力，获得了晋升。大约18个月后，有人拾到了他瓶子里的留言，并且交还给了他。

⊙ 图为麦格雷戈少校留在瓶子里的信息。

25

英国皇家全国救生艇协会的金质奖章

英国皇家全国救生艇协会设立该金质奖章的初衷，就是奖励从海难中营救人员的英勇行为。

1822 年，英国爵士威廉·希拉里在马恩岛海岸，目睹了英国皇家海军军舰"赛马"号的悲惨沉没。看到舰上有船员遇难了，当地渔民竭尽全力去营救他们，很多渔民因此丧生，留下了寡妇和无人抚养的孩子。希拉里大受感动，因此建议英国政府建立海岸救生艇站系统，以确保海岸附近的社区做好准备，利用现有的合适船只和设备，妥善开展有组织的救援。

希拉里写信给英国的海军部、商业组织、政界要员和慈善家，竭力主张建立一个"为海难中的生命和财产提供保护的国家机构"。虽然他向海军部发出的呼吁没有得到理睬，但是希拉里还是坚持了他自己的想法，幸运的是，他获得了来自私人的热情支持，从而在 1824 年，他建立了一个慈善性质的机构——全国海难生命保护协会。他的想法引起了公众的注意，从而该协会得以迅速发展起来，在英国各地建立了众多的救生艇站。

建立伊始，该协会就决定奖励那些冒着生命危险从海难中拯救他人生命的人，并且开始颁发奖章。最初，这些奖章的一面是女王的头像，另一面是三名男子帮助第四名男子上船的救援画面。该协会的经典名言是"不容深渊吞灭我"。1824 年，即该协会成立的那一年，就颁发了第一枚金质奖章，当时是褒奖海岸警卫队队员查尔斯·弗里曼特尔，他从海岸边勇敢地游到一艘搁浅并解体的瑞典双桅横

⊙ 图为英国皇家全国救生艇协会的金质奖章。

⊙ 威尔士亲王，即后来的爱德华八世会见亨利·布洛格。

帆船上救人。

1854 年，维多利亚女王欣然为该协会提供了资助，然后该协会更名为英国皇家全国救生艇协会，英文简称 RNLI。

来自诺福克郡克罗默镇的亨利·布洛格，是该协会历史上获得奖章最多的救生员，他曾三次获得金质奖章，四次获得银质奖章。他的第一枚金质奖章是在 1917 年获得的，奖励他和他的船员在 14 个小时的时间里，在狂风暴雨中四次驾船前往两艘不同的沉船，开展救援。1927 年，亨利获得了第二枚金质奖章，奖励他花了 28 个小时，在一艘破裂成两半的遇难油轮上，拯救了 15 条生命。1941 年，65 岁的他和其他三艘救生艇一起救援六艘搁浅的船只，在极度危险的条件下挽救了 88 条生命。他继续担任"克罗默"号救生艇的艇长，直到 71 岁，并且他还因为英勇无畏而获得了许多其他奖项。

26

潜水头盔的设计

对于那些拥有合适设备的人而言，沉船可能是一项有利可图的业务。

英国人约翰·迪恩机智且勇敢，他及其兄弟查尔斯发明了潜水头盔。19世纪20年代的一天，在一个着火的马厩里，由于火焰的阻隔，约翰无法接近马厩并解救马匹。于是，他使用一个水泵，向大火中喷射水，可是由于火势太大，喷射出来的水远远不够，所以火势持续不减。突然，约翰·迪恩脑中灵光一闪。他戴上一顶中世纪骑士的头盔，这顶头盔来自一套铠甲，是他在附近的一栋建筑里发现的。他把抽水的软管末端插在头盔下面，并且要求继续抽水，这样，头盔里就会不断有新鲜空气进来，他就不会在烟雾中窒息了。令所有人难以置信的是，迪恩竟然真的救出了马匹。

这种绝妙和勇敢的行动令约翰想到，这种设备改进后可用于潜水。于是，迪恩兄弟设计了一款带有玻璃观察口的金属头盔，以及一件防水的潜水服，而且潜水服与头盔的颈部合为一体。"迪恩头盔"在底部是可以打开的，通过向头盔中注入空气来保证潜水员的呼吸，并且防止水进入头盔之中。最初的潜水

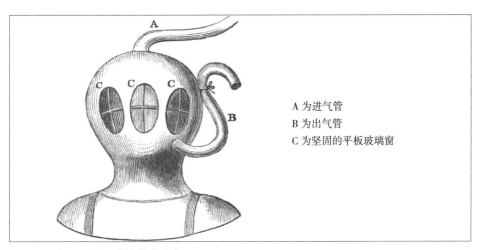

A 为进气管
B 为出气管
C 为坚固的平板玻璃窗

⊙ 图为迪恩兄弟设计的潜水头盔。

试验并不成功，因为头盔里的大气囊多次使约翰在海中失去平衡。但当两人穿了采用铅进行配重的鞋子后，情况大为改观。

1828~1829年，英国肯特郡和其他地方都开展早期潜水试验，验证了迪恩的潜水设备在深海中具有实用性和安全性，而且可以用于打捞船锚、加农炮等其他物件。这样，兄弟俩人就可以开展商事活动了。随后，约翰·迪恩在许多著名的沉船地点处进行潜水，包括"玛丽·罗斯"号和英国皇家海军军舰"皇家乔治"号。在这两次潜水行动中，他均打捞出了有价值的历史物件，然后卖给感兴趣的收藏者以牟利。

⊙ 英国维多利亚时代早期，穿着全套装备的潜水员。

在迪恩兄弟的发明之前，人们曾使用潜水钟进行打捞作业，但是潜水钟既笨重又难以操作。人们通过使用潜水服和潜水头盔，可以前往海床上任何想去的地方，甚至可以把很重的物体绑上绳子，然后把它们拖到水面上。迪恩就此名声大噪，在克里米亚战争期间，英国皇家海军还雇用迪恩去清理塞瓦斯托波尔港的沉船。

说出来或许令人难以置信，虽然约翰·迪恩从事的是存在很多潜在危险的潜水工作，但是在当时他算得上是长寿的人了，84岁时在英国拉姆斯盖特去世。

27

J.M.W. 特纳的一幅绘画作品《沉船》

英国艺术家们，尤其是特纳，长期以来都对创作海上厄运方面的作品特别热衷。

英国国家约瑟夫·马洛德·威廉·特纳在 1833 年左右创作了一幅画《沉船》。它的全称是《沉船——诺森伯兰海岸，一艘蒸汽船协助一艘船离开岸边》。特纳创作了众多以人与海洋关系为主题的作品，这是其中之一，不得不说，在特纳职业生涯的初期，这一主题在很大程度上为他赢得了早期的声誉。

海洋的巨大力量，尤其是人与海浪的搏斗，是特纳一生中多次描绘的主题，他画的要么是沉船，要么是处在狂风暴雨水域中的船只。例如 1796 年，特纳在英国皇家学院展出的第一幅油画作品《海上渔民》，描绘了夜晚时分，在波涛汹涌的海面上，一只看起来十分脆弱的小船。同时代的评论家对特纳不

⊙　图为 J.M.W. 特纳创作的画作《沉船》。

乏赞美之词，同时指出，特纳的画作引起了他们的情感共鸣。

他描绘海上风暴的最早作品之一《海难》，于1805年展出。虽然目前人们还不知道它描述的是不是一场真实的灾难，但是有人认为，"阿伯加文尼伯爵"号的沉没（详见第22章）或者威廉·福尔克纳史诗的再版（详见第15章），为特纳创作这幅作品提供了灵感。同时，人们知道他的其他一些作品，描绘的是真实的海难悲剧。例如，大约在1818年，他在深受触动的情况下，创作了《东印度大商船的失事》这幅画，描绘了"哈尔斯韦尔"号的沉没，即使在失事32年后，这艘沉船在公众的记忆中，仍然是惨不忍睹的（详见第20章）。特纳的《海上灾难》（大约创作于1835年）描绘了1833年"安菲特里特"号的失事，这是一艘运送囚犯的船，在布洛涅海岸沉没，108名妇女和12名儿童因此丧生。

《沉船》是一幅帆布油画，展现了从失事船只或废弃船只中寻找物品的投机取巧行为，这在沿海居民中普遍存在。他们寻找到的物品可能有货物、木料、家具、家居用品和索具，但是他们也可能从冲上岸的尸体上拿走珠宝等物品。在18世纪和19世纪，沉船事件非常普遍，以至于打捞沉船成为一些社区的重要收入来源，特别是在英国的康沃尔、苏格兰部分地区和古德温沙滩附近的海岸一带。

没有证据表明，沉船打捞者故意在暴风雨之夜诱导船只靠岸，从而使船只沉没，但在达芙妮·杜穆里埃的《牙买加客栈》等小说中经常描绘这种卑鄙行为。有时候，打捞沉船的行为是无法控制的。比如，早在14世纪70年代，爱德华三世就控告了100名来自英国多塞特郡的人，指控他们打劫了"福利"号船上的货物，并且骚扰了船员。"福利"号这艘船虽然搁浅了，但是并没有被遗弃，所以登船打劫是不合法的，甚至连当地修道院的院长也被判有罪。

对于以前称为"毁船打劫"的行为，英国政府从法律层面进行了更为严格的限定，因此，这种行为发生了改变，现在称为海上打捞。

28

格雷丝·达林的小船

这只小船，曾在历史上著名的海上救援行动中救下了众多海难受害者。

格雷丝·达林和父母居住在长石灯塔，该灯塔位于英国诺森伯兰郡海岸外的法恩群岛。她的父亲威廉是灯塔看守人。1838年9月7日的早晨，在暴风雨中，格雷丝从窗户向外望去，发现了一艘船的残骸，同时一小群人拼命地抓着残骸求救。这艘船是"福弗尔郡"号蒸汽船，载有63人，在发动机失灵后，这艘船在夜间撞上了大哈卡礁。格雷丝看到"福弗尔郡"号正在解体。

格雷丝叫醒了父亲，考虑接下来该怎么办。在这座遥远的灯塔上，除格雷丝年迈的母亲外，没有其他人可以求助了。如果不能迅速救援，幸存者很快就会死去。要想救人，威廉·达林与女儿就要冒着生命危险驾驶小船到被狂风暴雨肆虐的海面上，这的确是一个非常艰难的决定。他还需要考虑的是，如果

⊙　图为格雷丝·达林和父亲用于救援的小船。

他们驾船出海救人，会带来灯塔无人看守的风险，然而在恶劣天气下，灯塔必须运行以提醒其他过往船只注意礁石。最后他们决定驾船出海救人，因为22岁的格雷丝被誉为不惧危险、勇敢向前的姑娘。

他们驾驶平底小渔船，这是一艘约20英尺（约6米，编者注）长的小型无舱船，然后沿着一条迂回路线划到了沉船处，以便尽可能利用大自然提供的遮蔽来抵御风雨。尽管如此，这仍然是一次充满艰辛的跋涉，其实，威廉原本打算救出的是这样的人：能帮助他们划船回来继续救人的人。

当他们到达沉船地点时，威廉面临着最为艰难的时刻：他不得不让他的女儿独自操纵平底小渔船，而他登上船救人。威廉迅速地评估一下了眼前的形势。还有九个人仍然活着，但是平底小渔船的地方不够大，无法一次性把所有人都带走，所以他们不得不跑了两趟。幸运的是，他们成功地将九个人全部救下了，而且在灯塔拥挤的环境中照顾了海难受害者两天，直到天气好转。

格雷丝的英雄事迹很快就传开了。很快，这家人整天都被记者、画家和游客团团围住。格雷丝收到了许多礼物（其中包括来自维多利亚女王的礼物），还收到了对她勇敢救人行为的奖励：她是第一个获得英国皇家全国救生艇协会（RNLI）奖章的女性。然而令人惋惜的是，达林出名还没有多长时间，仅仅四年后，就死于肺结核。

⊙ **格雷丝和她父亲划船出海去营救海难幸存者。**

格雷丝·达林的小船由英国政府进行保管，自1838年完成救援以来，这艘小船几乎没有动过。上一页的照片，摄于1883年伦敦举办的国际渔业展览会，在该展览会上，海难渔民和水手皇家慈善协会汇集了许多与格雷丝有关的物品来帮助筹集资金。现在，这艘小船藏于英国班堡的格雷丝·达林博物馆，它成了镇馆之宝。

29

海难渔民和水手皇家慈善协会的会员证

> 该协会成立于 1839 年，在沉船海员最需要的时候提供帮助。

　　1838 年 10 月 21 日，一场灾难性的风暴袭击了英国德文郡克洛夫利村的 11 艘渔船。这些渔船受到狂风和海浪的猛烈拍打，仅有两艘渔船回到了港口，21 人在此次灾难中丧生。查尔斯·吉·琼斯从报纸上看到这则新闻后，讲给了雇主约翰·莱听，引起了后者对此事的关注。著名的格雷丝·达林救援事件仅仅六周之后，就发生这一渔船受灾事件，因此，他们两人一致认为，应该为遇难海员的家属提供更好的福利。

　　在英国格林尼治海员医院院长雅利尔·布伦顿爵士的协助下，琼斯和莱

⊙　图为海难渔民和水手皇家慈善协会的会员证。

想发设法去筹集足够的资金，通过建立一个组织来实现他们的目标。起初，他们不得不在巴斯挨家挨户地寻求捐款，但是他们很快得到了越来越多的支持。海难渔民和水手皇家慈善协会迅速成立，且于 1839 年 2 月 21 日（也就是仅仅

⊙　位于克洛夫利的牌匾，标志着该协会的成立。

在克洛夫利沉船事件发生 4 个月后）举行了首次公开会议。维多利亚女王很快成为该协会的资助者。

许多海难受害者上岸后被困在岸边，常常处于饥寒交迫、赤身裸体、身无分文的窘境，不得不依靠乞讨才能回家。凡是每年向该协会缴纳 2 先令 6 便士会费的渔民和商船水手，一旦遭遇海难，就可以通过该协会的经纪人网络体系得到衣服、食物和交通方面的支持。这是英国海员第一次获得这种全国性的福利。在此之前，海难发生地的当地人，有时会向海难受害者捐赠衣服或食物，

⊙ 刻有纳尔逊头像的会员章，可以戴在脖子上。

但是由于沿海社区往往非常贫困，所以这种捐赠是无法得到保障的。

同时，该协会能做的远不止于此。该协会认为，失去一个出海的丈夫，他的妻子和家庭几乎立即陷入贫困。因此，每年缴纳的保险费，还有一部分用于"保护寡妇和孤儿免于贫困和痛苦"。这种帮助有很多种形式，比如支付房租，教寡妇一门手艺，这样寡妇就能赚钱养家，还可以为年幼的儿子提供捕鱼设备，这样幼子就可以养活他的母亲和兄弟姐妹了。

海员必须向该协会的经纪人证明他们是会员。会员被授予两项权利证明，用于证明会员身份。第一项权利证明是放在家里的会员证，这样家属在需要之时就可以使用会员证来领取救济。第二项权利证明是一个金属章，可以像吊坠一样挂在水手的脖子上，希望它能保佑水手在海难中幸存下来。金属章上面有纳尔逊的半身像，上面写着纳尔逊的名言："英格兰期盼人人都恪尽职守。"这两项会员权利证明，每年到期都需要及时更新。

该协会广受欢迎，在十年内就发展了 2.6 万名会员。对于 19 世纪的许多海员及其家人来说，该协会提供的服务，确实是至关重要的，几乎可以决定一个家庭的生死存亡。该协会至今仍然存在，但是已经是一个慈善机构，而不再是一个会员组织了，其主要为渔业和商船的退休或残疾海员，以及他们的遗孀或伴侣提供支持和帮助。该协会使用废弃的水雷作为捐款箱，这些捐款箱在沿海城镇几乎随处可见。

30
军官的肩章

这是来自两艘极地探险船上的遗留物品，这两艘船于 1846 年失踪。

1845 年 5 月，约翰·富兰克林爵士率领皇家海军战舰"厄瑞玻斯"号和"恐怖"号，试图找到一条长期以来一直寻找的西北航道，即经由加拿大、北极连接大西洋和太平洋的航道。1846 年 9 月，两艘船连同大约 130 名船员均被冰封。此时的处境十分危险，船员应该已经知道他们可能无法生还。随着冬天的到来，冰层越来越厚，可能会逐渐压碎被困的船只。在波罗的海等海域，冰封是造成船只失事的常见原因，1915 年欧内斯特·沙克尔顿率领"耐力"号在南极探险，"耐力"号也是因为冰封失事的。

富兰克林的极地探险队到底遭遇了什么，没有人知道，因为整个探险队

⊙　图为军官制服的肩章。

无人幸存。由于预计搜救任务需要花费很长的时间，因此海军部直到 1848 年才开始寻找富兰克林的"失踪探险队"，而且在随后的几年里也进行了多次搜索。通过询问当地的因纽特人，了解到船员们离开了船，然后慢慢地悲惨死去，甚至出现了人吃人的现象。

1859 年，在一个石碑下发现的一张字条显示，富兰克林于 1847 年 6 月 11 日丧生，其他 23 人于 1848 年 4 月遇难。这个时期，在冰中被囚禁了 18 个多月的其余 105 名船员，不得不放弃了这条船，因为这条船正在解体，他们弃船后试图步行到安全的地方。

20 世纪 80 年代，在陆地上发现了一些船员的遗骸。对他们遗骸的分析表明，他们的丧生可能是多重因素共同作用的结果，包括营养不良、胸部感染和铅焊料（用于密封罐装食物）中毒。对他们的骨骼进行研究，证实了因纽特人所说的同类相食的情况。

这两艘船直到 2014 年才被发现，当时加拿大帕克斯水下考古队找到了"厄瑞玻斯"号，然后 2016 年发现了"恐怖"号的残骸。这两艘船相距约 45 英里（约 72 千米）。"恐怖"号保持得最为完整，虽然瓷器是乱七八糟地放在架子上，但是瓶子则是笔直地立在橱柜里。

在"厄瑞玻斯"号上开展工作的水下考古学家们发现了许多保存完好的物品，包括一把梳子（上面仍然留有一些人类头发）、一架手风琴、陶瓷、纽扣，甚至还有船轮的遗骸。上一页所示的肩章，是少尉制服的组成部分；由于含有黄金制品成分，所以它们是整套服装中价值最高的。这些物品，是在一间可能属于詹姆斯·费尔霍姆少尉的小屋里发现的。

但愿通过对这些沉船及其中物品的持续探索和分析，最终能够揭示这两艘船到底遭遇了什么，这两艘沉船为什么相隔如此之远，以及船只沉没时是否仍然有人留在船上。

⊙ 一幅理想化的约翰·富兰克林爵士的肖像，他戴着军官肩章。

31

莱尔家族的墓碑

1848 年，发生在英国诺森伯兰郡卡勒科茨的一场海难悲剧，夺去了七条鲜活的生命。

乔治·莱尔是一名领航员，具体来说，是英国泰恩河入口处危险水域领航员。他和他的两个儿子（小乔治和罗伯特）、他的兄弟罗伯特·莱尔、他的姐夫罗伯特·克拉克，以及两个朋友（詹姆斯·斯托克斯和查尔斯·皮尔逊）共同驾驶一艘引航船。

1848 年 2 月 2 日，星期三，天气晴朗，当地居民并没有感到什么异常，但当时海浪汹涌，狂风呼啸。几艘出海的船只升起了旗帜，请求一名领航员指引它们驶向上游的安全停泊处。乔治·莱尔和他的船员从海滩上下水，但是就在离海岸不远的地方，一个大浪冲过来，将他们冲倒，并且淹没了他们的引航船。接着，又一个浪头袭来，掀翻了引航船，淹死了两名乘客，其余的人则拼命地抓住船底。

发生的这一切，被岸上的人看得清清楚楚，所以人们纷纷涌向海滩展开救援。虽然船只纷纷下水提供帮助，但是强

⊙ 图为莱尔家族的墓碑。

劲的向岸风阻挠救援人员接近沉船。家人和朋友都在惊恐地看着这一切，海浪猛烈地拍打着这艘失事的引航船，把人一个接一个地卷走。罗伯特·莱尔当时只有 24 岁，他把自己绑在桅杆上试图自救，但是最终，他还是被海浪卷走了。

最后剩下的是詹姆斯·斯托克斯，他是一名游泳健将。当随风飘荡的引航船靠近礁石时，他脱下夹克和马甲，向陆地游去。他已经游到距离安全地带很近的地方，能够听到他哥哥对他喊道："吉姆，游上岸来。"但是此时，可怜的詹姆斯已经筋疲力尽，他喊道："我不行了，我不行了。"经过短暂的挣扎，他陷入海浪之中。在不到一个小时的时间里，这种不幸的受害者被海浪卷走的可怕场景，在他们的妻子、孩子和父母面前持续上演，岸边的亲人们只能眼睁睁看着眼前发生的一切，无能为力，悲痛欲绝。

海难过后，他们的家人和朋友不仅要承受难以言表的丧亲之痛，而且有 6 位妻子和 14 位不到 11 岁的孩子立即陷入赤贫，因为家里主要的经济支柱丧生了。当时有 3 位妻子已经怀有身孕。幸运的是，关系融洽的邻里及时向他们伸出了援手：一次募捐筹集了一大笔钱，并且大多数失去亲人的人，都有家人可以养活他们。

这本书中描述的大多数灾难都是大型船只的沉没，让数百个家庭悲痛不已。像卡勒科茨这样的小型船只失事事件，它彻底摧毁了成员人数较少的家庭。虽然这样的悲惨事件没有在全国性报纸上报道，因为这种船只失事事件是很常见的，但是，大多数沿海地区都立有坟墓和纪念碑，提醒人们记住渔民、领航员、救生员、沿海渡轮的船员和其他人经常面临的风险。

⊙ 维多利亚时代的领航员和他的儿子，领航员是一种家族世代相传的职业。

32

海上风暴的手写记录

帕里什船长的日记，记录了 1848 年将他的船撕碎的事件。

"萨特莱吉"号是一艘印度的大商船，该大型商业帆船主要用于运输货物，因此该船在速度上不具优势，同时该船还装备了加农炮来对付海盗。1848年春天，"萨特莱吉"号从印度马德拉斯启航前往英国伦敦，阿尔弗雷德·帕里什成为该船的新船长。船上的货舱装得很满，而且船上乘客很多，其中很多人是英国女王私属第 50 步兵团的士兵。一切都很顺利，直到 4 月 1 日午夜，一阵狂风刮了起来。帕里什记录了凌晨 3 点时的情况：

⊙ 图为阿尔弗雷德·帕里什船长的手写记录。

海水不断上涨，翻滚而来，淹没了甲板。船在海水的冲击下摇摇晃晃，勉强支撑着。我决定驶往下风向。

当解开主上桅帆和前桅帆并且放下前桅支帆时，一股巨大的海浪击中了船头，击碎了支撑杆附近的船头斜桅。我决定转舵驶往上风向，但是船还没来得及转向，大风吹得船首斜桅靠近了船舷。接着，大风将前桅吹到了下风向，主桅也被吹到了下风区，将后桅吹向了船尾。大风吹着三个桅杆（前桅、主桅和后桅）向甲板方向靠近，同时吹走了船尾的三艘救生艇。

鉴于这艘船存在沉没的危险，我决定着手砍掉所有桅杆。船在海中左右摇摆，惊险万分。英国女王陛下的50名士兵继续让水泵吸水，然后从下层甲板处排放掉水泵抽取的水。

上午10点，天气有所好转，但是此时这艘船没有任何桅杆了，而且还受损严重。船员们花了两天时间来清理船上的残骸和碎片，并且竖起了"应急桅杆"——用备用木料做成的粗短桅杆，幸运的是，这些应急桅杆可以撑起的船帆刚好能让"萨特莱吉"号启航。为了减轻这艘受损船只的压力，帕里什下令抛弃400袋货物。周日，船员和乘客聚集在一起，感谢上帝拯救了他们。但是，事情到此还远远没有结束。

4月4日，"萨特莱吉"号遭遇了飓风的袭击。船帆被扯掉了，主甲板上的大炮也翻倒在了船舷上，巨浪滔天，不断地把船淹没在水下，船艰难地航行着。这艘圆木形状的船，在波涛汹涌的大海中翻滚和颠簸了两天，帕里什写道，他预计船体随时会解体，海水会涌进来。幸运的是，这并没有发生。另有400袋货物（主要是大米）落入海中，然后天气慢慢好转。4月7日，只是遇到一阵强风，第二天就看到陆地了。4月10日晚上7点，他们在开普敦抛锚。令人难以置信，他们竟然奇迹般地活了下来。

帕里什船长清点了一下损失。一名水手落水，还有一名水手失去了一只手臂，另外还有一些人受伤严重。不包括货物和给养的损失，估计这艘船的损失就达到了惊人的8000英镑。

虽然不是每艘遭遇恶劣天气而受损的船只都会失事，但是对"萨特莱吉"号来说，恶劣天气简直带来了一场灭顶之灾。

33

黄铜纪念牌匾

1851 年，蒸汽船"亚马孙"号起火，而且火势无法控制。

周围全是水，一艘船竟然会被烧毁，这听起来似乎不可思议。然而，英国皇家邮轮"亚马孙"号悲惨且惊恐的故事，向人们展示了海上发生的火灾是如何短瞬之间就变得无法控制的。

"亚马孙"号是一艘邮轮，其船身是木制的，而不是采用当时标准的钢铁船身，并且"亚马孙"号是利用船中部的一对桨轮来推动它在水中航行的，而不是采用螺旋桨推动。1851 年 1 月 2 日，这艘船离开南安普敦驶往加勒比地区，在船长威廉·西蒙斯的率领下开启了处女航。"亚马孙"号上有 112 名船员，搭载了 50 名乘客，此外船上还装载着大量的邮件。

⊙ 图为悼念"亚马孙"号上亡者的黄铜纪念匾额。

由于这艘邮轮的引擎一直过热，所以必须用水泵喷水给引擎降温。然后，在 1 月 4 日上午 12 时 45 分左右，一名军官看到火焰和烟雾从机舱室冒出。一名工程师试图关闭引擎，但是机舱室的烟雾太浓了，导致工程师无法到达控制装置所在的位置。锅炉工把煤加到船上的锅炉里，由于他们背对着大火的方向，当发现大火时已经来不及。当船上的人拿出喷水软管向火焰上浇水时，火势太大，烟雾太浓，人们已经无法靠近火焰，所以灭火效果很差。一名幸存者形容大火是"一股巨大的火焰，在它面前没有人能够站立和生存"。几分钟之内,船的中心部分就被大火吞没了。

西蒙斯船长下令邮轮顺风航行。这样,火焰就可以暂时远离乘客和船员,乘客和船员可以借此逃到船尾。然而,风力已经接近烈风等级,这艘着火的邮轮沿着顺风方向全速前进,邮轮上的人无法扑灭大火,同时,他们也无法关闭引擎,这艘邮轮在风吹之下速度惊人,导致将救生艇放下水的操作变得十分危险。尽管如此,一些惊吓过度的乘客还是尝试放下救生艇;第一艘救生艇翻了,艇上的人都失踪了。船长跑过去试图从火焰中救出另一艘救生艇,但是他的头发和衣服都着火了,他不得不退回来。剩下的救生艇中,两艘已经着火了,其他的救生艇在匆忙下水时受到意外损坏。现场的场景十分恐怖:船上的人被严重烧伤,其中一对夫妇跳入火焰之中,这加速了他们的死亡。

第二艘救生艇也未能稳妥地放入水中,导致这艘救生艇上的所有人都掉进了海里。还有一艘救生艇被海浪淹没,船上的所有人几乎都被冲走了。最终,只有两艘救生艇成功放入水中,其中一艘还严重漏水了。幸存者们眼睁睁地看着桅杆倒塌下去,然后弹药库爆炸,不久船就沉入海中。

不幸之中的万幸,有105~115人获救,在沉船后不久,这些人是被附近经过的几艘船从水中或"亚马孙"号上救起的。

⊙ 图为不幸的"亚马孙"号。

34

拉尔夫·谢尔顿·邦德的怀表

这是一件私人物品，历经重重磨难，从英国皇家邮轮"伯肯黑德"号上幸存下来。

拉尔夫·谢尔顿·邦德在英国皇家第12枪骑兵团拥有军衔，相当于少尉。1852年2月26日，他登上了"伯肯黑德"号运兵船，船上有士兵和一些平民。在开往东开普省的途中，船长罗伯特·萨尔蒙德紧贴着海岸线航行，以确保快速前进。不幸的是，这艘船在夜间撞上了海图上未标注的礁石。

涌入船舱的海水，淹没了许多还在睡梦之中的士兵。由于保养不善，一些救生艇无法使用，还有一艘救生艇在下水时就淹没了，只剩下三艘救生艇可供疏散"伯肯黑德"号的人员。水位不断地上升，邦德跑到甲板下去救两个被落在后面的孩子。令人欣慰的是，船长下令要求男士站到一边，让"妇女和儿童优先登上救生艇"。人们普遍认为，"女士优先"这句口号起源于此。她们上艇不久，"伯肯黑德"号就开始解体，然后萨尔蒙德船长下令弃船。西顿中校，作为士兵们的总指挥，请求士兵不要登上救生艇，因为登上救生艇可能会使救生艇沉没。他的部下听从了他的话，勇敢地坚守在自己的岗位上。军官邦德与他的同僚们握手告别，祝他们好运，然后突然之间，"伯肯黑德"号的残骸先是倾斜，然后裂开，最后发生倾覆，最终把船上的人抛进了海里。

幸运的是，"伯肯黑德"号的主桅杆还在水面之上，人们爬到主桅杆上面去避难和求救。水里的几个人被救生艇救起了，其他人（包括邦德）设法游上岸，许多人利用漂浮的残骸碎片游向岸边。一些人甚至找到了足够大的碎片，做成了筏子。然而，许多

⊙ 图为邦德的怀表。

人被鲨鱼吃掉了，成群鲨鱼地包围着这些在海中苦苦挣扎的人。在这片水域，大白鲨特别常见。对于邦德来说，这段大约3英里（约4.8千米，编者注）的游泳，不仅漫长而且艰苦，幸运的是，他找到了一个充气救生衣。在他旁边的两个人，突然发出一声尖叫，他们显然被鲨鱼吃掉了。

接近海岸时，新的危险出现了——猛烈的海浪可能会把这些幸存者拍死在锯齿状的礁石上，同时，大量的海藻缠在邦德身上，他已经筋疲力尽。邦德在水里待了大约三个小时，他的怀表也还在身上。挣扎上岸后不久，邦德发现他那匹心爱的马也游到了海滩，邦德知道自己能够活下来了。大约有68个人和他一起上了岸。许多人（他们几乎都赤身裸体）不得不长途跋涉，顶着非洲酷热的烈日寻求帮助，最终他们终于发出了求救的警报。

与此同时，"伯肯黑德"号的几艘救生艇（上面一共约有78人），被一艘纵帆船救走了。这艘纵帆船还救出了大约40名仍然抓着桅杆的人。一名男子在一片残骸碎片上漂浮了38个小时后被救起。"伯肯黑德"号上共有大约640人，最终193人幸存下来，值得一提的是，所有的妇女和儿童均获救，无一人丧生。

⊙　海中的大白鲨令人生畏。

35

船锚

有时，在沉船事故中损失的货物和财产，会对直接相关者产生重大影响。

在过去，为世界上许多偏远地区服务的船只，是这些地区名副其实的生命线。除了工人和定居者之外，这些船只还能为该地区带来牲畜、种子、农业设备、基本原材料、纺织品、建筑用品等。因此，与这些地区相关的海难，除了造成人员伤亡以外，可能还会对这些地区造成更为严重的影响。在19世纪中期，西澳大利亚就是这样一个相对孤立的地方。更为不幸的是，该地区的海岸容易发生海难，因为在这里航行会遇到很多危险。

⊙ "埃格林顿"号是一艘三桅大帆船，可能在外形上看起来与这艘船很像。

"埃格林顿"号是一艘三桅帆船（一艘大帆船），从英国的格雷夫森德驶往澳大利亚的弗里曼特尔，人们热切地等待着这艘船的到来。1852年9月3日，船长告诉他的乘客，第二天早上，他们就可以看到澳大利亚了，当时几乎没有人预料到"埃格林顿"号即将触礁。晚上9点45分，在为一名乘客庆生的派对上，瞭望员大声喊道："前方发现碎浪区！"紧接着，"埃格林顿"号触礁了。幸运的是，这艘船随后被带出了碎浪区，到达一块内礁上（相对而言，内礁更有利于保护船只免于受损），此时"埃格林顿"号距离海岸约1英里（约1.6千米，编者注）。如果这艘船被困在外礁上的话，它将被撞得粉碎，船上的所有人几乎都会因此丧生。

船搁浅了并且保持稳定，但是，显然这种情况对乘客而言是非常恐怖的，尤其在半夜更是如此。船上的人没有任何办法，只能紧张不安地干等了几个小时，直到天亮，他们才设法离开这艘船。令人遗憾的是，由于采取了"各自逃命"的做法，一些船员开始抢劫乘客的行李，偷走珠宝等贵重物品。乘客原本已经惴惴不安，这种做法加剧了乘客的焦虑和恐惧。他们被困在珀斯以北50英里（约80千米，编者注）处，距离海岸较远，因此乘客们知道救援可能不会很快到来。

第二天早上，船上的人们尝试进行疏散，但是两艘救生艇被撞得粉碎，只剩下一艘救生艇可以将船上的人运送上岸。一些乘客和船长直到第二天才离开，因为当时水手长已经喝得酩酊大醉，他把船上的航海经纬仪扔进了海里，然后他跳进海里淹死了。还有一次，救生艇翻了，艇上的所有乘客都掉进了水里，结果，一名可怜的女士淹死了。然而，他们是此次海难中仅有的两名伤亡人员。这些乘客被困在没有遮蔽物且缺水的地方，在当地牧民发出警报后，他们最终被送往弗里曼特尔。

一些货物保留了下来，尤其是一批金币，但是殖民地居民期盼数月的许多东西却丢失了，并且无法找回了。同时，新定居者们也失去了他们所带来的一切东西。对许多人而言，这次海难无疑是一次重大挫折。"埃格林顿"号上的一些物品（包括船锚），是考古学家在20世纪70年代找到的。

⊙　图为"埃格林顿"号的船锚。

36

软木救生衣

软木救生衣也被称为救生背心或救生器，它是英国皇家全国救生艇协会（RNLI）于1854年发明的。

18世纪，虽然曾出现过各种各样的个人漂浮装置，但是尚未广泛使用或标准化。早在1765年，约翰·威尔金森博士就在他的著作《海员在海难、疾病和其他海洋灾难事件中的保护》中阐述了软木救生器的潜在好处。然而，现代救生衣的发明，要归功于英国皇家海军的一名军官约翰·罗斯沃德，他是英国皇家全国救生艇协会（RNLI）的一名救生艇检查员。

⊙ **图为沃德设计的救生衣。**

英国皇家全国救生艇协会对制造漂浮装置的一系列材料进行测试，包括灯芯草和马毛、巴尔沙木和充气帆布袋，但是每种材料都存在着这样或那样的问题。灯芯草和马毛的浮力不能持久，巴尔沙木价格高昂，而帆布袋又容易被扎破。总体而言，软木比较符合成功制造漂浮装置的所有标准：耐磨、价格低廉、容易获得，而且不会被水浸透。

一块块软木被缝在一件帆布背心上。胸部和背部使用较大的软木块，而两侧则使用较小的软木块（或者不使用软木块），这样，软木块就不会妨碍划船、抓绳子或在水中划桨所需的手臂运动。即便如此，这种救生衣仍然还是很笨重的。

沃德设计的救生衣，最为突出的特点是，可以让人头朝上浮在水里，而且可以快速穿上。这种设计的目的是，救生艇员可以在执勤时就穿上救生衣，还可以将救生衣带到救生艇上，救援时直接抛到海难幸存者的头上。

一开始，穿救生衣的想法，在一些地方遇到了阻力。许多海员普遍认为，一旦有人落水，在海难后尝试游到岸边或漂在海上只会延长痛苦，还不如早死早托生更为可取。与此同时，还有其他的漂浮装置正在使用，可能比救生衣更好用，甚至有些人认为，在紧张激烈的救援行动中，新款的笨重救生衣可能不会提供任何帮助，反而只会碍事。

然而，1861年，一个生动的例证出现了，证明了救生衣保护生命的能力。在一场猛烈的风暴中，"惠特比"号救生艇多次出动，前往各个沉船地点进行救援。在最后一次的救援行动中，一个大浪把救生艇掀了起来，艇上所有人都被扔进了波涛汹涌的大海之中。亨利·弗里曼是第一次出勤救援，并且是唯一一个穿着救生衣的人，这件救生衣是英国皇家全国救生艇协会捐赠给船员的。亨利·弗里曼是"惠特比"号救生艇唯一的幸存者。勇敢的人们前往救援海难受害者，却因为没穿救生衣而丧生，这使得救生衣的好处得到大力宣传，并且

⊙ 图为亨利·弗里曼。

确保救生衣得到更为广泛的应用。因为他的勇敢，亨利获得了英国皇家全国救生艇协会颁发的银质奖章，后来他成为"惠特比"号救生艇的艇长。

班轮上的乘客也开始穿救生衣了。20世纪初，英国皇家全国救生艇协会淘汰了软木款的救生衣，为1904年设计的新款救生衣（采用植物材料木棉）让路。

37

救生圈

虽然救生圈发明于 1840 年前后，但是直到 1855 年被英国皇家全国救生艇协会采用后，救生圈才得以广泛使用。

一个创造性的想法或发明的优点，一般不是不言自明的，因此，它通常需要一个强有力的倡导者。救生圈的发明就是一个很好的例子。救生圈是由皇家海军中尉托马斯·基斯比发明的。他在海岸警卫队服役 15 年，熟悉海岸警卫队的救生角色，并且在服役快结束时（大约 1840 年）发明了救生圈。他的想法是创造一个用帆布包裹的空心软木圈，水中的人可以把软木圈套在头上保持漂浮。然后拴上缆绳，可以将救生圈扔给溺水的人，或者筋疲力尽的海难受害者，通过缆绳将他们拉到安全的地方。

多年来，这一发明被称为基斯比圈，但是现在，在世界各地的船只和危险水道附近，人们更为熟悉的称谓是救生圈。尽管使用这种廉价的救生设备似乎应当是一种常识，但直到 1855 年英国皇家全国救生艇协会将其作为标准设备后，救生圈才在海上被广泛采用。

基斯比甚至进一步完善了救生圈。他意识到，当把缆绳拴在沉船上，试图把人送上岸或送上救援船上时，即使是经验丰富的水手，也很难在常常发生暴风雨的环境中沿着缆绳前进。既然水手们都觉得很困难，那么对许多乘客来说，几乎是不可能沿着缆绳前进的。当然，有很多办法可以解决这个问题，比如使用吊椅或者类

⊙ **图为基斯比圈或救生圈。**

⊙　图为使用连裤救生圈的演示。

似的装备。吊椅通常是一块从滑轮系统上垂下来的短木板，一个人可以坐在上面，然后通过绳子被拉到安全的地方。然而，使用吊椅的过程中，要求人们紧紧抓住吊椅，并且要想活命，必须保证不能滑落下去，因此不太适合受伤的人使用；此外，如果缆绳下垂到水下或者断裂，海难幸存者可能会被淹死。

为此，基斯比改造了他的基斯比圈，并且发明了连裤救生圈。当时，他的发明通常被称为"裙腿裤"，因为它看起来有点像一件超大的女士内衣。这个装置由一个大帆布袋组成，一个人坐在里面，两条腿从底部的两个洞里伸出来。"裙腿裤"悬挂于放在腋下的一个救生圈上，这样，当缆绳浸入水中或断裂的时候，救生圈上的人仍然可以保持漂浮。

基斯比的这两项性能卓越的发明，均能帮助人们在溺水时幸存下来，或者可以更为安全地一次性将一个人从沉船中救出来，从而在海上拯救了成千上万的生命。

38

金块

1859 年，许多淘金者在骇人听闻的"皇家宪章"号沉船事故中丧生。

时至今日，提起英国的安格尔西岛海岸，有时仍能让当地人想起"皇家宪章"号的失事。船上的许多淘金者一直在澳大利亚淘金，尽管他们中的大多数人在船沉没时丧生，但是他们淘金时找到的大量金块，由于随身携带，随着"皇家宪章"号的失事而散布在一个广阔的区域，因此潜水员和海滩拾荒者持续不断发现了这些宝物。2012 年，一名潜水员发现了英国有史以来最大的金块。它重 97 克，市值约 5 万英镑，是"皇家宪章"号上估计总市值达 1.2 亿英镑黄金（按现代方法计算）中的一部分。

"皇家宪章"号于 1859 年 8 月底离开澳大利亚墨尔本，快速驶往爱尔兰。然而，10 月 25 日晚上，就在这艘船离开威尔士海岸驶向最终目的地利物浦时，

⊙　图为黄金。

一场猛烈的狂风爆发了。托马斯·泰勒船长英勇果断，试图拯救这艘船。他先是发射了信号弹，但是没有等来救援，接着他放下了两个船锚，但是锚链断裂了。他尝试利用"皇家宪章"号引擎的动力驶离陆地，可是他做的这一切都是徒劳无功的，在绝望之下，他甚至砍下了船的桅杆。风暴已经达到飓风的强度，船被无情地推向海岸。很快，船撞上了一个沙洲，但一开始船体仍然完好无损。

一位名叫古兹·鲁杰罗（化名约瑟夫·罗杰斯）的马耳他水手，以惊人的勇气，主动要求带着一根绳子游上岸，然后他就从船舷下去游向岸边。他成功地游到了岸边，在安格尔西岛莫伊尔弗雷村当地人的帮助下，一些乘客似乎看到了逃离沉船的希望。不幸的是，聚集在甲板上准备顺着绳子上岸的女士们，都被一个大浪

⊙ **古兹·鲁杰罗，他勇敢地带着一根绳子游上岸。**

冲到海里去了。突然，巨浪把"皇家宪章"号从沙洲上掀了起来，然后砸向附近的礁石。船员们慌乱之中试图放下救生艇，但是很快救生艇就被撞坏了。几分钟之内，整艘船就解体了。

大约有 40 人在沉船事故中幸存下来。虽然确切的死亡人数无法确定，但是可能有 450 人。据说，许多溺亡者为了妥善保管金子，将金子藏在身上或缝在衣服里，而恰恰是这些金子将他们拖向了死亡的深渊。大量的金子和尸体被冲上岸，当地的一些小型的教堂墓地几乎全部用于掩埋遇难者了。据说，当地人因为找到了不少金子，发了一笔大财，但是这些金子大部分属于船上运输的货物，不久之后就被正式索要回去了。

詹姆斯·拉塞尔是一位克服重重困难幸存下来的乘客。他与妻子和两个女儿站在船尾，与船头隔着一个裂开的大窟窿，"每时每刻都有人掉进窟窿之中，或者被海浪冲进去"。一家人紧紧抓住船舷栏杆。他们互相说了"再见"，以为自己会死。他们尝试聚集在一起，但是詹姆斯被冲到海里去了；他最后的记忆是，他的一只手抓住了一个人的手，接着他被拖上岸，然后就昏过去了。

令詹姆斯无比苦闷的是，几天后，他必须要去辨认自己十岁女儿的尸体。另外，他妻子和小女儿的尸体一直没有找到。

在 1859 年 10 月 25 日至 26 日的飓风中，许多其他船只也沉没了，这场飓风很快被称为"皇家宪章风暴"。

⊙ 詹姆斯·拉塞尔，他奇迹般地活了下来。

39

不列颠群岛沉船海图

1859 年的贸易局海图，说明了沉船事件在那个时代很常见。

令人震惊的是，过去沉船事件的发生是如此频繁。本书中所述发生在 19 世纪的沉船悲剧，可能只是偶然和孤立的事件，但是事实并非如此。贸易局是英国维多利亚时代负责商船事务的政府部门，每年会定期出版一份沉船事件记录。下一页显示的海图，是他们绘制的地图，展示了单单 1859 年发生在不列颠群岛海岸的 1416 起沉船和搁浅事件的分布情况。这相当于平均每周发生 27 起沉船和搁浅事件，这是一个令人震惊到难以置信的统计数据。地图上的每个小圆圈或十字标记，代表一起沉船事件。

每一起沉船或搁浅事件不一定都会导致所谓的"全损"，因为一些船只会被重新浮起、打捞或者跌跌撞撞进港维修。当然，也有船只失事但是货物获救的案例。1859 年，沉船总数达到 527 艘，也就是平均每周 10 艘。人力损失是巨大的。这 1416 起沉船和搁浅事件涉及船员共计 10538 人，其中 3977 人面临过濒临死亡的危险，救生艇救下了 2332 人，而其余 1645 人则淹死了。而且，当死亡数字以周为单位进行表示时，这个统计数字就更为贴切和直观了：1859 年，每周有 32 人死于沉船事故。巧合的是，这一数字与 2012 年骇人听闻的"歌诗达协和"号海难中的死亡人数相同，当时"歌诗达协和"号这艘游轮在意大利海岸搁浅并且倾覆。这一令人震惊的事件吸引了全世界媒体进行报道，某种程度上，这样的事件在当今世界仍然发生是非常罕见的。可是，在 1859 年，英国海岸每周都会发生达到"歌诗达协和"号规模的沉船事件，至少在死亡人数方面是这样的。

贸易局对他们的数据开展了详尽的分析。正如人们所预料的那样，在 10 月至次年 3 月天气比较糟糕的这个时间段里，沉船事件比一年中的其他 6 个月要多得多，而且沉船事件大多发生在夜间。不难理解，旧船更容易失事，1859 年的沉船统计数据中，就有 64 艘船龄超过 50 年的旧船，甚至还有一艘船龄超过百年的旧船！

然而，贸易委员会却急切地强调，1859 年从英国港口启航的船只数量为 300580 艘（包括那些不止一次从同一个港口启航的船只），而英国是世界贸易的中心，因此，其水道异常繁忙。所以，船只碰撞是造成许多沉船的一个重要因素，也就不足为奇了。包括船只和货物在内，这些沉船的总成本估计约为 200 万英镑——在 1859 年，这可算得上是一笔巨款了。

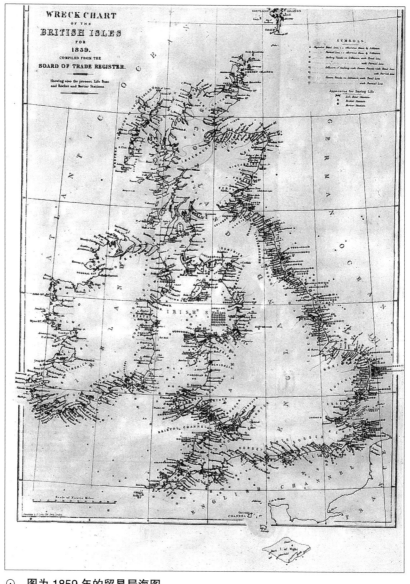

⊙　图为 1859 年的贸易局海图。

40

陶瓷纪念马克杯

纪念蒸汽船"伦敦"号的失事——发生在 1866 年维多利亚时代的一场骇人听闻的灾难性事件。

如今，以发行纪念性瓷器的方式，来纪念像高速公路交通事故或飞机失事这样的悲惨事件，是不可想象的。然而，在维多利亚时代，人们对造成许多人丧生的灾难有着不同的看法。在电视和互联网还没有出现的那个时代，有很大一部分人不会读写，因此当时的人们认为，确保像蒸汽船"伦敦"号沉没这样的灾难性事件得到纪念而不会被遗忘，是非常重要的。像这样的一个马克杯，并不是一件令人毛骨悚然的小饰品，而是一个引起对逝者回忆的实物：一种以持久的方法纪念逝者的方式。

1866 年，豪华蒸汽船"伦敦"号启航前往澳大利亚，这是"伦敦"号第三次驶往澳大利亚了，可是启航后不久，"伦敦"号就在比斯开湾遭遇了一场猛烈风暴，然后沉没了。主甲板上的一个舱口盖被撕开，这艘豪华铁船像浴缸一样充满了水。由于死亡人数众多，而且许多溺水者的社会地位很高，所以这场沉船事故造成的影响非常大。然而，这起沉船事故之所以如此出名，也源于这样一个事实：惊慌失措的乘客并没

⊙　图为纪念蒸汽船"伦敦"号失事的马克杯。

有试图弃船逃生，而是通过船上牧师提供的祈祷、《圣经》和冷静的基督徒领导力来寻求上帝的庇护。特别是，丹尼尔·德雷珀牧师不知疲倦地工作，让乘客们准备好"见他们的造物主"。

有19人想方设法逃生，他们挤进了船上的一艘救生艇，但是，当时人们认为，他们在这艘小救生艇上的生还机会非常渺茫，所以几乎没有其他乘客愿意加入他们。当他们获救时，救生艇上有3名男性乘客和16名船员。我们知道19世纪60年代的航海记录并不是十分准确的，根据该航海记录所载，蒸汽船"伦敦"号沉没时，有240多人丧生。

公众对该死亡数字表示怀疑，在此背景下，维多利亚时代的媒体产业开始运作了。《西方时报》称："我们已经很多年没有发生如此可怕的海上灾难了。"这一消息在媒体上流传了好几个月，这是沉船事件造成重大影响的标志之一。在沉船事件发生后的几周内，一本纪念性书籍出版了，书中有沉船的插图、访谈报道、受害者名单，并且还附有一条清晰的留言（关于基督徒的信仰和勇气战胜了死亡）。同时，大量的诗歌也得以创作和出版。此外，关于沉船的插图也在市面上出售。上一页所示的马克杯上刻有"不幸的伦敦号"字样，旁边还有类似的陶瓷盘子和水壶。

同时，遇难个体也被人们以各种方式铭记，特别是英勇的德雷珀牧师，先是一艘救生艇以他的名字命名，然后为他建立了一座具有纪念意义的公共建筑物，即位于澳大利亚阿德莱德的德雷珀纪念教堂，同时还以他名字为年轻基督徒设立了奖学金。此外，墨尔本市中心的一条路，以他的名字命名。

⊙ 图为丹尼尔·德雷珀牧师。

41

约翰·金的手稿

1866 年，一名仰慕者结识了一位因沉船事故而扬名的人。

约翰·金之所以会扬名，是因为他是蒸汽船"伦敦"号沉船惨案（详见第 40 章）中为数不多的幸存者之一。他在狂风暴雨的海面上驾驶一艘没有舵柄的小型敞舱船，由于驾驶水平出色，他力保船上的人幸存下来，因此他成了英雄。约翰·金签名周围的文字，是由一位身份不明的签名收集者写的，内容如下：

> 这是那艘救生艇舵手的笔迹，艇上有 19 人，他们从"伦敦"号的沉船事故中获救。要不是约翰·金竭尽全力（他手里只有一小块木头可以掌舵），没有人能幸存下来，也就没有人能够给你讲述关于那场最为恐怖海难的悲惨故事。上面的签名以及约翰·金服役的三艘船（都已经失事）的名字，是应伦敦市长官邸要求，于 1866 年 1 月书写的。

金不仅是"伦敦"号的一名一等水手，他还是另外两起海难（"阿尔玛"号和"邓肯邓巴"号）的幸存者。

"阿尔玛"号是一艘三桅帆船，1861 年，在南澳大利亚罗布港附近失事。当船长上岸时，船员们开始卸下压舱货物，但是不知从哪里突然刮起了一阵飓风。"阿尔玛"号的锚链断裂，狂风把船吹到了礁石上。船员们的处境非常危急：他们被困在一艘船上，这艘船很快就会被海浪和狂风拍得粉碎。当地的救生艇服务机构，使用射枪将一条绳索抛到船上，包括约翰·金在内的 24 名船员，通过滑轮系统一个接一个地被救了下来。当时情况十分危急：不到两个小时，"阿尔玛"号就被海浪和狂风撞得粉碎，彻底毁坏了。

约翰·金经历的另一起事故，是"邓肯·邓巴"号沉船事件，这是一艘

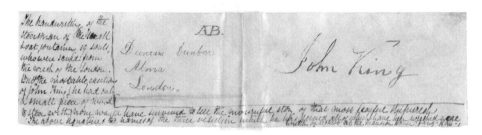

⊙　图为约翰·金的手稿。

客轮，于1865年在巴西海岸搁浅。事故发生在晚上，所以船上的每个人都经历了一段可怕的黑暗时期，当时轮船剧烈地翻滚，还不时地猛烈地撞击礁石。黎明时分，天气好转了，乘客们通过绑着绳子的木椅，从船尾处被放下来，然后乘坐救生艇转移到附近的一个小岛上。小岛上到处都是杂草和害虫，而且没有遮蔽物。船员们打捞了一些水和食物，并且用船帆做了一个帐篷，但是117名幸存者不能长时间忍受这种环境，尤其是白天气温会上升到44℃。约翰·金深知，这种情况下，他们很有可能会死掉。船长和一些船员乘坐一艘敞舱船出发寻求帮助，10天后，他们乘坐一艘蒸汽船返回了英国。

回到英格兰后，约翰·金服役的下一艘船，很不幸，就是蒸汽船"伦敦"号。"伦敦"号上还有"邓肯·邓巴"号的其他幸存者，但是只有约翰·金在两次沉船事故中都活了下来。

在关于船只失事的公开听证会之后，据报道，约翰·金在沉船事故中失去了一切，名下只剩下2先令了。几天之内，报纸上发起的一场活动，帮助约翰·金筹集了大约100英镑，来支持和奖励他。

⊙　图为约翰·金的肖像。

42

被流放的罪犯托马斯·伯威克

> 为了获取不当利益，伯威克唆使他人故意毁坏自己的船，但是被抓了现行。

虽然故意毁坏船只以索赔保险金的情况，可能比报道的案例要多得多，但是抓住作案者很难。这些作案者，通常会为船只投保超过其价值的保险，有时甚至会偷走船上值钱的货物，然后用不值钱的货物取而代之，最后雇用船上的人故意将船凿沉。

1866年，托马斯·伯威克和莱昂内尔·霍尔兹沃斯合伙买下了一艘名为"塞文"号的船，并且他们任命休·莱兰为船长，从英国纽波特出发驶往中国上海。船主为这艘船配备了大副——一个名叫查尔斯·韦伯的可疑人物，他"知道船主派他上船去做什么"。伯威克告诉莱兰，这艘船出海需要花费7000英镑，但是船主他们打算为船投保8000~9000英镑，并且他们认为"塞文"号不会到达中国。如果"塞文"号沉没了，将会向莱兰船长支付700英镑，并且伯威克还建议莱兰为自己的私人财产投保。

"塞文"号出海了，但是很快船舱就进水了。船上的水泵最初还能应付涌进来的海水，但是到了西非海域，涌入的海水实在是太多了，严重超出了水泵的排水能力，船舱的进水变得势不可当。莱兰怀疑是韦伯做了手脚，而韦伯承认他在船体上凿洞了。韦伯还直言不讳地指出，表面上标记为装有价值不菲枪炮的货箱里，其实里面装的就是盐而已。

船员们弃船而去，"塞文"号沉没了，莱兰毁掉了船上的日志。他们被一艘路过的船救走，然后返回了英格兰。韦伯透露，一些船员看到了他在船体上凿洞，这可能会带来些麻烦，但是他一再表示他会"说服他们或收买他们"。韦伯供认，在伯威克的授意下，为了让另一艘船——"简布朗"号沉没，他也在船体上凿洞了。回到英格兰后，他们立即伪造了一份航海日志，并且莱兰还违背良心，竟然证明这份日志是真实的。

在庭审中，喋喋不休的莱兰船长反而成了告发者，因为他知道他们的造假行为已经被发现。他承认，他对"塞文"号沉船一事睁一只眼闭一只眼，并且充当了共犯。尽管如此，他也辩解道，自己本来打算挫败韦伯的凿船行为，并且完全不知道如何将船凿沉。

⊙ 图为托马斯·伯威克。

韦伯企图让船员们闭嘴，但是失败了。对于这份航海日志，船员中没有人能够从内容或外观上看出来是伪造的。弃船后，在沉船浮浮沉沉的过程中，许多船员看到水线以下新凿出来的洞。船上的木匠作证说，韦伯曾阻止他搜索船上的漏水处。这个骗保丑闻被完全揭露出来，而伦敦中央刑事法庭的判决也是预料之中的结果。韦伯被判 10 年监禁，而伯威克和霍尔兹沃斯作为唆使者者，分别被判处 20 年监禁。而莱兰却没有受到处罚。

伯威克和霍尔兹沃斯被同船流放到澳大利亚服刑。当伯威克最终获释时，他的妻子和孩子为他感到耻辱，因此拒绝去澳大利亚看他。这张照片上到处都是涂鸦的痕迹，可能是一名为他感到羞耻的家庭成员画上去的。

43

"船长"号船首斜桅的碎片

一个人因为沮丧、傲慢和自尊受损，导致近500人丧生。

考伯·科尔斯船长有很多的奇思妙想。比如，1855年，在克里米亚战争期间，他建造了一种筏子，这种筏子可以漂浮到海岸边上，然后他在筏子上面装上了一门大炮，用筏子上的大炮炮击了俄罗斯的塔甘罗格镇。以此为基础，他又想出了一个更好的办法。他设计了一种可旋转的金属圆顶状物或防护物，然后，一门大炮能够隐藏在它下面，可以瞄准任何方向开炮。使用这种炮塔，船只可以向任何方向发射炮弹，而无须操纵船只改变方向。在19世纪60年代，海军部建造了配有科尔斯炮塔的船只，用于海岸防御，但是对于是否在远洋船只上使用这种新设计，仍然犹豫不决。

在19世纪60年代，舰船上面还有桅杆和船帆，这不可避免地妨碍了旋转炮塔的使用，而且解决这个问题非常复杂。海军部先后两次允许科尔斯着手设计原型船，但是在每次设计中，海军部都进行了干预，一次是让科尔斯暂停设计，另一次是大幅修改了科尔斯的设计。

科尔斯感到沮丧，开始极力游说自己的雇主（海军部），可是这令海军部感到反感，因此解雇了他。但是这并没有让科尔斯停下来。他利用自己的社会关系，频繁在媒体上发表公开信，并且在议会发表演讲，赢得了舆论和民意的支持。海军部因此承受了巨大的压力，海军部甚至觉得有必

⊙ 图为固执任性的考伯·科尔斯船长。

要重新雇用科尔斯，让他天马行空、随心所欲地进行设计。结果就是，建造了英国皇家海军军舰"船长"号。

在整个建造过程中，"船长"号的设计一直饱受批评，这些批评者不仅航海经验丰富，而且有权有势，尤其是海军总监罗伯特·斯宾塞·罗宾逊以及其他权贵。他们觉得"船长"号太重了，所以吃水线太低了，并且重心太高了。科尔斯无视反对意见，但是事实证明，批评者的意见是正确的。

1870 年"船长"号下水，当它展示出强大射击威力的时候，似乎证明科尔斯的设计是正确的。9 月 6 日，"船长"号在波涛汹涌的海面上驶离西班牙。然而，令人忧心忡忡的是，海浪淹没了甲板，接着，随着风力增强到狂风等级，船开始倾斜了，然后在几分钟内直接倾覆和沉没了。包括科尔斯在内，大约 480 人溺水身亡，只有 27 人获救生还。

随后，军事法庭认为，沉船的责任应当归咎于"船长"号的建造者，因为建造者偏离了科尔斯的设计。然而，法庭还是希望能够"将建造者的判决结果记录在案，即虽然'船长'号是顺从舆论和民意而建造的，且经过议会的讨论，但是海军总监及海军部表达了不同的观点和意见，而且所有的证据都倾向于表明，建造者是普遍不赞成建造'船长'号的"。

毫无疑问，科尔斯走在了时代的前面。尽管他的设计与专家意见相左，而且海上试验也不充分，但是他决心以"自己的方式"建造"自己的船"，并且力图证明他的批评者是错误的，这才是导致这场悲惨灾难的最终原因。"船长"号的部分船首斜桅，在船沉没后一直漂浮着，后被用于为急不可耐的热切公众制作纪念品，左图就是纪念品的一个示例。

⊙ 图为由"船长"号的部分船头斜桅制成的纪念品。

44
活页乐谱和歌词

这首歌，是为了纪念在 1873 年那场骇人听闻的"诺思弗利特"号沉船事件中幸存下来一名小女孩。

　　1873 年 1 月 22 日，在肯特郡邓杰内斯发生了一场骇人听闻的海难，歌曲《"诺思弗利特"号的沉没》就是为了纪念此事而创作的。这首歌又称《父亲把我放到救生艇上》。它由威廉·戈登作词，由阿尔弗雷德·李（他的代表作是歌曲《那勇敢年轻的空中飞人》）配乐。当时，"诺思弗利特"号这艘船开往澳大利亚塔斯马尼亚，船上载着工人和他们的家属去修建一条铁路，船上共有 379 人。在一个暴风雨的夜晚，当"诺思弗利特"号在英吉利海峡抛锚时，被一艘西班牙蒸汽船"穆里略"号撞上了。可是，"穆里略"号既没有停下来发出警报，也没有帮助"诺思弗利特"号的乘客逃生，却扬长而去，径直逃走了。"诺思弗利特"号立即开始进水；由于满载着沉重的铁路铁轨和施工设备，它在 30 分钟内就沉没了。

⊙ 图为歌曲《"诺思弗利特"号的沉没》的活页乐谱和歌词。

　　黑暗之中，船上乱成一团，救生艇被匆忙放下，"诺思弗利特"号船长爱德华·诺尔斯甚至掏出手枪，威胁道，如果有人胆敢在妇女和儿童撤离之前离

CAPTAIN KNOWLES,
LOST IN THE NORTHFLEET OFF DUNGENESS, JAN. 22, 1873.
Stereoscopic Co.   Copyright.

⊙ 诺尔斯船长，他试图以武力维持秩序。

开"诺思弗利特"号，他将毫不犹豫将他射杀。虽然他已经射伤一个人的大腿，但是其他人仍然不听从他的命令，各自逃命。结果，在89名幸存者中，仅有两名妇女、一名儿童和一名婴儿。

幸存下来的儿童是10岁的玛丽亚·塔普林，她是被她的父亲约翰推上救生艇上的，而这首歌讲述了她的不幸故事。副歌中，可怜的玛丽亚泣不成声："哦，爸爸把我放到船上，哦，不要把我留在这里等死。"

约翰·塔普林还试图救他的妻子和其他女儿，但是他无功而返，因为救生艇上挤满了人，他们都为了能在救生艇上争得一席之地而拼尽全力，没给他留下任何机会去营救妻子和其他女儿。在那天晚上，可怜的玛丽亚失去了父母和两个姐妹。玛丽亚的悲惨遭遇曝光后，英国各地的女性纷纷写信表示愿意收养玛丽亚，女王本人也亲自下令要保证这个孩子得到照顾。后来人们发现玛丽亚有亲戚住在霍洛威时，就将玛丽亚送去和亲戚一起住了。

"穆里略"号船员对数百人见死不救，眼睁睁看着这么多人活活溺水而亡，他们的做法引起了公愤。8个月后，英国政府抓住了这艘船，然后将船扣押并出售，以补偿"诺思弗利特"号船主因船只失事而遭受的损失。虽然"穆里略"号的军官受到了严厉谴责，但由于他们是西班牙公民，英国政府无法将他们带回英国接受审判。

以现代人的角度来看，为这样的一场悲剧写歌似乎有些奇怪。以活页乐谱形式发布歌曲，其源于使用民谣来分享新闻或讲述故事。民谣，本质上是没有配乐的歌词，在街头巷尾廉价出售。虽然活页民谣或"市井民谣"很少流传下来，但是19世纪著名的几场海难事件，却是有相关的作品流传下来，比如"泰勒"号（1854年）、蒸汽船"伦敦"号（1866年）、"科斯帕特里克"

号（1874 年）和"印第安酋长"号
（1881 年）等。为海难事件创作诗歌
和音乐作品，这一古老传统一直延续
到 20 世纪初，而作为创造对象的最后
一个重大海难事件，是 1912 年的英国
皇家邮轮"泰坦尼克"号，那场灾难
催生了许多歌曲和音乐作品。

　　不幸的是，当热度消散，媒体对
该沉船事件的报道失去兴趣时，可怜
的玛丽亚·塔普林就被她的亲戚送到
了一家孤儿院，仅仅六年之后，塔普
林就死于肺结核。

⊙　图为玛丽亚·塔普林。

45

智利海岸的手绘地图

对于船舶而言，智利海岸不仅是世界上一个十分危险的航行区域，而且它的政治环境也同样糟糕。

　　大家都认为在南美洲的海岸线航行是很危险的，而智利海岸更是其中之最。这张地图，是一名年轻的军官威廉·爱德华兹在蒸汽船"塔克纳"号上绘制的，以帮助他顺利穿过智利南部那遍布岛屿、海岬和海湾的复杂航线。他曾就职于太平洋蒸汽航运公司（PSNC），该公司曾开辟了从欧洲到南美的航线，并且在南美运营许多当地船只，用于运送邮件、货物和乘客。

　　不幸的是，对该公司来说，19世纪70年代并不是一个好年头：该公司在南美洲区域内损失了6艘船。1871年，蒸汽船"伊基克"号沉没，而在1874年，"塔克纳"号也沉没了。在瓦尔帕莱索，"塔克纳"号已经超载，当风吹着

⊙　图为威廉·爱德华兹绘制的地图。

"塔克纳"号偏离航线时，它就开始倾斜了。解决偏航问题做出的所有努力，最终都是徒劳无益的，"塔克纳"号先是翻了，接着爆炸了，半个小时后沉没了，19人淹死。英国驻智利领事成立了一个调查法庭，经过八天的调查后认为，超载是造成"塔克纳"号的主要原因，船长约翰·海德负有主要责任。尽管港务局承担了部分责任，但是海德仍然受到了正式的起诉。在当时，船主或船长因沉船事故中有人丧生而受到起诉，是不多见的。

本来死了这么多人，船只也失事了，够悲惨了，但是对于海德船长来说，他的苦难还远远没有结束。令海德船长没有想到的是，他竟然被智利政府逮捕并且投入监狱，随后因为造成船上人员死亡而受到了审判。对于海德"无罪释放"的诉求，智利政府表示愤怒是可以理解的，但是，除此之外，对于一家英国公司在智利水域经营得风生水起，明显感觉到智利政府还是有一股酸酸的味道，十分嫉妒。海德的入狱事件，迅速升级为一场重大外交事件。英国强烈抗议，并且派遣军舰前往智利水域，表示坚决要求智利政府无罪释放海德，甚至要求智利政府对错误的逮捕行为进行赔偿。英国报纸也充斥着"塔克纳事件"的报道，并且所有英国人都认为智利政府别无选择，只能让步，最终智利政府的确让步了。

然而，对于PSNC及旗下的船只和乘坐PSNC船只旅行的人而言，这并不意味着霉运的结束。1877年，该公司又损失了三艘船："阿塔卡马"号、"瓦尔帕莱索"号和"埃滕"号，而在1879年，第四艘船"伊宜马尼"号也失事了。蒸汽船"阿塔卡马"号和"埃滕"号是姊妹船，两艘船都是大约四个

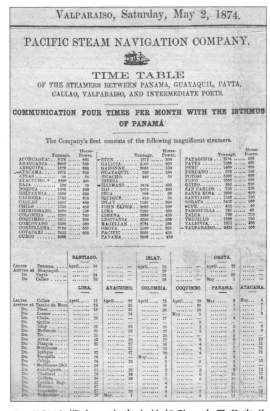

⊙ PSNC拥有一支庞大的船队，主导着南美市场。

月内在智利搁浅的，各有大约 100 人丧生。虽然"伊宜马尼"号上没有人丧生，但是蒸汽船"埃滕"号上一些人死亡时的情形，尤其令人心碎，悲痛不已。"埃滕"号失事后，大约有 20 个人爬到了一块孤立的礁石上，但礁石上十分炙热并且没有淡水，更为糟糕的是，这块礁石的位置也很别扭，几乎没有人能够看到它，也就无法过来救援。无奈之下，他们投海自尽，希望尽早结束痛苦的煎熬。虽然他们放弃了所有的求生希望，但是其中还是有三人设法活下来了。

46

幸存者的素描图

他们是经历过"科斯帕特里克"号恐怖级解体和沉没而幸存下来的人。

这幅由一位佚名艺术家绘制的素描图，描绘了从命运多舛的"科斯帕特里克"号劫后余生的三个人：科特，一名普通的水手；亨利·麦克唐纳，二副；还有托马斯·刘易斯，军需官。他们是 19 世纪最可怕的海上灾难之一的仅有幸存者。"科斯帕特里克"号失事时，这艘船当时载有 470 多人。

"科斯帕特里克"号是一艘移民船，开往新西兰奥克兰。1874 年 9 月 11 日离开英国格雷夫森德港，船上载有大约 429 名移民和约 44 名船员。11 月 17 日午夜时分，所有人都被一声大喊"着火了！"惊醒了。"着火了！"是一个令人生畏的警报，必须迅速处理。当时，这艘船位于开普敦西南几百千米远的海洋深处，想要获得救援简直就是一种奢望。

船员们拼命地灭火，但无济于事，而且风把火焰煽得更旺了；同时，"科斯帕特里克"号上还装载了许多的易燃货物，如煤油、煤炭和烈酒。因此，火势迅速失控，乘客们惊慌失措。

"科斯帕特里克"号上的救生艇，只能容纳船上不到一半的人，而且第一批下水的救生艇（搭载的主要是妇女）翻了，所有人都掉进了海里。有两艘救生艇成功放到海面上：大副查尔斯·罗曼指挥的一艘艇上载有 32人，二副亨利·麦克唐纳指挥的另一艘艇上载有 30 名幸存者。

"科斯帕特里克"号上其余的人，

⊙ 图为"科斯帕特里克"号三位幸存者。

面临着两个残酷的选择：要么被活活烧死，要么被淹死。船长亚历山大·埃尔姆斯利为他的家人做出了残酷的决定，他把妻子和 4 岁的儿子扔到海里，然后自己跳入海中。

不幸的是，对于幸存者而言，严峻的考验才刚刚开始，无尽的苦难在等着他们。一场暴风雨把两艘救生艇分开了，此后再也没有见到罗曼的救生艇。与此同时，尽管他们逃过了这场暴风雨，但是麦克唐纳的救生艇还是无依无靠地在大海上漂流了好几天。因为他们是在匆忙之间上到救生艇的，没有时间去取任何给养，所以他们没有任何食物和淡水。更加糟糕的是，救生艇上没有任何桅杆可用，只有一只桨可用于划船。

每个人都变得越来越虚弱，然后逐一死去，有些人在生命的最后时刻甚至都变得神志不清了。在漂流了 10 天后，11 月 27 日，这艘救生艇被一艘名为"英国权杖"号的船发现。获救时，只有 5 个人还活着，但都虚弱无力了，其中两人不久之后就死了。船员麦克唐纳、刘易斯和科特是仅有的幸存者。

官方调查得出的结论是，火灾可能是有人使用明火引起的，当时在黑暗之中，该人可能在船头货舱试图偷取烈酒等物品。

⊙　图为"科斯帕特里克"号。

47

普利姆索尔载重线 / 吃水线

一种实用方法，可防止船舶因超载而失事。

　　船舶载重线（吃水线），出现在英国伦敦维多利亚堤岸一尊雕像的底部。它由英国全国海员工会设立，以纪念塞缪尔·普利姆索尔的生平和功绩。

　　普利姆索尔和船主詹姆斯·霍尔，对每年数百艘船只失事感到震惊，其实许多的船舶失事是可以避免的，因为很多的船舶失事，是贪婪的船主更关心利润而不是船员的结果。一个新词"棺材船"应运而生，指的是那些本来需要维修却还在超载和超额投保状态下强行出海的船只。通过对保险的巧妙操作，船主们可以实现，无论他们的船只满载货物安全抵达目的地，还是在途中沉没，船主们都可以获利。虽然这种保险操作，可以使无良船主们稳赚不赔，却造成了许多收入微薄的海员和贫穷的移民死亡。安全性方面的改革，无论采取何种形式，均遭到强大的船主利益团体的强烈抵制，因为他们不愿为改革买单。

　　因此，普利姆索尔和霍尔提议，所有船只上都应当标注一条吃水线，以显示装货时船只在水中能下沉到的最大深度。一开始，他的提议受挫，随即普利姆索尔清楚了一个事实，即大量的议会议员要么就是船主，要么航运公司是他们的金主。

　　此提议原本定于1875 年 7 月 22 日在下议院进行辩论，但是当天竟然宣布没有时间进行辩

⊙　图为船舶载重线（吃水线）。

⊙ 图为塞缪尔·普利姆索尔。

论。愤怒的普利姆索尔一跃而起，向议员们大声咆哮，并挥舞着他的拳头，称国会议员们为"恶棍"，并且拒绝不再发表意见。普利姆索尔的这种辱骂性言辞，令下议院议长大为震惊，要求普利姆索尔收回他的言论，但是普利姆索尔拒绝了，并且离开了下议院的会议厅。不得不说的是，由于普利姆索尔敢于在下议院提出这个船舶安全性方面的议题，大众对他钦佩有加，他的支持者甚至铸造了一枚"荣誉奖章"，以纪念他在下议院公开批评国会议员。奖章的一面是普利姆索尔的半身像；另一面是一艘正在下沉的棺材船，船帆上挂着一个骷髅头。

　　一开始，议员们还在为他们设法驳回了普利姆索尔的议题而感到沾沾自喜，但是这种得意之情很快就消散了，因为公众都支持普利姆索尔。普利姆索尔非常巧妙地为报纸准备了一份详细的简报，概括叙述了他的观点，并公开发表。英国政府的内阁部长们非常担心引起公愤，于是匆忙地通过了普利姆索尔提出的关于吃水线的立法。1876 年通过的《商船航运法》并不完美，尤其是船东们决定了标记"普利姆索尔载重线"的位置。然而至关重要的是，在某种程度上，历史潮流已经转至更为关注安全性，而非获利了。由于船主们都是有权有势的人，所以迫使他们接受变革，从来都不是一件容易的事。直到 19 世纪 90 年代，载重线的位置才被标准化，而不再由船主们决定。

⊙ 图为普利姆索尔荣誉奖章。

48

"欧律狄刻"号的船锚

一艘船的残骸，虽然这艘船于1878年神秘沉没，但是据说它现在仍然还在沉船海域出没。

1878年，英国皇家海军的战舰已经采用钢制船体，并且以蒸汽机为动力。就这一点来说，35岁高龄的"欧律狄刻"号就显得与众不同了，它是一艘来自前一个时代的战舰——一艘采用木制船体和帆为动力的船。然而，海军部坚持认为，英国皇家海军的军人需要了解如何驾驶帆船，尽管这种帆船显然过时了。在全盛时期，"欧律狄刻"号是一艘顶级护卫舰，一直用来训练新兵。

1878年春天，"欧律狄刻"号从百慕大返航朴次茅斯。3月22日，在怀特岛附近，"欧律狄刻"号正在强风中满帆全速前进，突然，被一场似乎不知

⊙　图为"欧律狄刻"号的船锚。

从哪里来的强烈暴风雪吞没了，出事原因众说纷纭。这艘船先是意外地倾覆，然后开始下沉。只有两名幸存者，他们讲述了这个传奇的沉船故事。少年悉尼·弗莱彻听到"各自逃命"的命令后，冲到甲板上，抓着救生圈跳入了海中。他刚下水，"欧律狄刻"号就沉没了，他被拖到冰冷的海浪之下，但是救生圈又把他拉了上来。另一名幸存者本杰明·卡迪福德是一名一流的游泳健将，他的许多溺水同伴都向他发出求救。起初，他试图帮助他们，但是有四个人紧紧抓住了他，为了生存，他不得不把他们踢开。

温斯顿·丘吉尔是最年轻的目击者之一。当时他还是个孩子，正在度假，看到了这艘船从悬崖顶上消失在暴风雪之中。第二天，他看见那些又短又粗的桅杆从海上面伸出来。后来他目睹一些尸体被冲上岸，由于当时丘吉尔还是个小男孩，所以这一幕给他留下了终生难以磨灭的印象。

人们曾试图打捞这艘船，但为了公众利益，沉船的残骸必须由英国皇家海军陆战队守卫，以防人们偷取残骸作为纪念品。虽然最终认定"欧律狄刻"号不适合打捞，但是"欧律狄刻"号的船锚被打捞了上来，保存至今，现在成为朴次茅斯皇家海军公墓遇难者纪念碑的组成部分。至今，它仍然是和平时期最严重的海难之一，纪念碑上确定了丧生的 362 人的身份。

然而，"欧律狄刻"号的故事并未就此结束。自从这艘船不幸失事以来，一直有报道说，有一艘幽灵船突然出现在"欧律狄刻"号沉没的怀特岛附近，然后又突然消失了。最戏剧性的一幕，可能是在 20 世纪 30 年代的一艘潜艇上，潜艇指挥官不得不改变航向以避免撞上一艘大型帆船，结果最后发现那艘帆船消失了。1998 年，爱德华王子和一个摄制组报告说，他们在拍摄纪录片时看到了"欧律狄刻"号。

⊙ 怀特岛大雾中的一艘幽灵船，但它是"欧律狄刻"号吗？

无论事情的真相是什么，英国皇家海军尽管多次重新使用了许多其他船只的名字，但一直避免使用"欧律狄刻"号这个不吉利的名字作为船名。

49

一枚六便士银币

这枚六便士银币，是为了纪念泰晤士河上一起骇人听闻的沉船悲剧的遇难者。

秋天在泰晤士河上乘船游览，是英国伦敦上班族和他们的家庭生活中难得的奢侈享受，因为他们很少有闲暇时间，可供消费的钱财也不多。1878年9月3日，乘坐蒸汽船"爱丽丝公主"号从伦敦市中心到肯特郡海岸游览一天，票价约为2先令。下午晚些时候，小而拥挤的"爱丽丝公主"号开始返程了。船上备有食物，还有一支乐队，一些乘客甚至还有自己独立的小客舱。

晚上7时30分左右，"爱丽丝公主"号绕过伍尔维奇附近的特里普科克角，突然遇到了一艘比"爱丽丝公主"号更大的船，即蒸汽船"拜韦尔城堡"号，这艘船径直向"爱丽丝公主"号驶来。在傍晚昏暗的光线下，两艘船几乎没有时间做出任何避让动作。"拜韦尔城堡"号撞向了"爱丽丝公主"号的侧面，严重损坏了"爱丽丝公主"号，船直接断成了两截。接着，尖叫声和恐慌四起。许多乘客和船员被困在甲板下，由于"爱丽丝公主"号迅速进水，他们都没有机会逃生。有的人被甩入河中，有的从船上跳入水中，但是在那个时代，许多人并不会游泳，并且维多利亚时代的衣服也很笨重。碰撞事故发生的地点，属于泰晤士河的一段河道，排入河道的污水散发着恶臭。惊恐的大人和孩子们在恶臭的水中挣扎着，试图浮在水面上，他们努力抓住彼此以及任何可以让他们浮起来的东西。

"拜韦尔城堡"号受损不太严重，船员们扔下绳索、救生圈和其他救生

⊙ 图为六便士银币。

材料，并且放下了救生艇。具体的死亡人数不详。最初大约有 130 人获救，但是其中一些人后来死了，可能是因为在获救过程中吞下了污水。据估计，当时大约有 650 人死于这场灾难。仅仅找回全部遇难者的尸体，就花了很长时间。

悲剧发生后进行了两项法律调查，但是得出了不同的结论。验尸官的调查认为，两艘船都有过错，因为在发生碰撞时，它们都没有做出适当的避让动作。而贸易局的调查却明确地将责任归咎于"爱丽丝公主"号，因为它违反了相关的航行规定，规定要求从相反方向迎面驶来的船只必须以左转舵方式相互避让。贸易局认为威廉·格林斯特德（"爱丽丝公主"号的船长）转向错误，导致了碰撞，从而引发了这场沉船悲剧。然而，贸易局的这个结论还有待商榷，因为格林斯特德已经在沉船事故中丧生，并且目击者对当时沉船情况的描述也是众说纷纭、莫衷一是。

大约有 2.3 万人出资，在伍尔维奇建立一座遇难者纪念碑。这个"六便士基金会"保证了即使是最贫穷的家庭也可以捐款和出资（比如前页所示的那枚硬币）修建纪念碑，以纪念丧失的家人和朋友。

⊙ 黄昏时分，"拜韦尔城堡"号撞上了拥挤的"爱丽丝公主"号。

50

一位船长的行李箱

行李箱里面装着一位懦夫船长的财产，该船长应当对"本不应发生的沉船事件"负责。

在整个职业生涯中，约瑟夫·卢卡斯·克拉克船长一直将这个行李箱带在身边。他因一起沉船事件而声名狼藉，原因是犯错的理由都是站不住脚的。

1880年7月，克拉克是蒸汽船"吉达"号的船长，这艘船载着953名成年穆斯林乘客从槟城前往沙特阿拉伯进行神圣的朝圣或朝觐，同时船上还载有大批儿童。这艘船上有50名船员，克拉克也利用船长的特权，与他的妻子合住在一起。

在大部分的航行时间里，"吉达"号遇到的都是恶劣天气。8月3日，风力几乎达到了飓风的级别，强风持续不断地冲击"吉达"号，导致固定船上锅炉的紧固件松动了。可是，这似乎并没有引起船上工程师的注意：工程师只是在松动处的下方塞了几个楔子，来限制它的移动。接下来的三天里，天气进一步恶化，导致左舷锅炉的进水阀破裂。由于无法继续承受大浪的拍打，"吉达"号不得不停下来进行修理。

海水已经漫入"吉达"号，所以船刚一重新开动，引擎的持续震动就把右舷的锅炉震坏了。经过修理，右舷的锅炉没有修好，船不得不只使用一台引擎（左舷的锅炉）继续航行。所有的船员和乘客都被召集起来，通过水泵和水桶把水排出船外。

⊙ 图为"吉达"号船长约瑟夫·卢卡斯·克拉克的行李箱。

尽管他们竭尽全力了，但是引擎室里又重新漫入了大量的水，水实在是太多了，冲走了支撑引擎的楔子，导致引擎被震得粉碎，然后锅炉也熄火了。引擎当时已经无法使用，只好利用船帆航行了。

尽管离陆地只有几千米远，但是克拉克船长全程既没有与乘客沟通，也没有尝试安慰他们以消除疑虑。相反，克拉克船长和他的妻子以及一些高级军官认为"吉达"号一定会沉没，于是登上一艘救生艇逃走了。看到这一切的乘客们试图也跟着冲上救生艇，但是大副掏出手枪向乘客们射击，只有高级军官们才能跟随救生艇驶离"吉达"号。随后，"吉达"号上陷入一片混乱，其他船员也试图弃船登上救生艇逃跑，但是他们与乘客冲撞在了一起，导致包括二副在内的 21 人死亡。

几个小时后，克拉克乘坐的救生艇被蒸汽船"辛迪亚"号救起，但是，克拉克船长没有尝试着手寻找遇难的"吉达"号。相反，他竟然谎称，一些高级军官被乘客谋杀，"吉达"号沉没了，船上的一切都随之沉入海中了。

令人瞠目结舌的一幕发生了。三天后，蒸汽船"吉达"号竟然被蒸汽船"安特诺"号拖进了港口，而且人们还发现"吉达"号这艘船仍可以漂浮，并且没有立即沉没的危险。

亚丁的一个调查法庭判决克拉克犯有严重的渎职罪，并且对 21 人的死亡负有间接责任。虽然，克拉克声称愤怒的乘客对他们的生命构成了威胁，但是法院认为克拉克的辩解毫无根据，予以驳回。克拉克被贴上了骗子、懦夫、无能、不专业和不人道的标签。尽管如此，他受到的唯一惩罚是他的船长证被吊销三年，这意味着三年之内他不能当船长了。

虽然受到了惩罚，但是这并没有妨碍克拉克继续出海，这是因为由于当时盛行宽松的问责标准，所以，这一切看起来或许也就不足为奇了。如果不是作家约瑟夫·康拉德（他曾经是一名商船水手）以这些事件作为素材创作了一本流行小说，可能这段可耻的经历会变得完全不为人知。《吉姆勋爵》一书于 1900 年出版，讲述了一名大副吉姆的故事。蒸汽船"巴特那"号正在下沉，而大副和他的船长共同抛弃了船上的 800 名乘客，几天后这艘船被拖进了港口，吉姆为此感到十分羞愧。在调查法庭上，吉姆和他的船长受到了严厉的谴责，而小说的其余部分讲的则是吉姆的罪行和他试图赎罪的故事。

51
亚伯拉罕·哈特·扬斯的照片

> 快80岁高龄的时候，他还在海上救人。

在失事船舶的救援历史上，发生了许多伟大的勇敢行为。其中，尤为值得注意的是许多救生员，如亨利·布洛格、查尔斯·费什和詹姆斯·海利特。然而，还有无数的英雄人物现在都快被大家遗忘了，尤其是英国海岸警卫队，他们长期以来在海上救人方面发挥着至关重要的作用。亚伯拉罕·哈特扬斯，是英国萨塞克斯郡海岸警卫队的一名带缆水手，同时还是一名优秀的游泳健将。他性格坚韧不拔，从不逃避危险的行动。比如，即使人身受到暴力威胁，他仍然会逮捕走私犯。在他漫长的职业生涯中，他在英国海岸帮助拯救了170条生命，并且获得了英国皇家全国救生艇协会（RNLI）和英国皇家人道协会（RHS）颁发的四枚奖章以及其他荣誉奖状。

关于英国海岸警卫队救人事件的记载，实在是太多了。比如，在1843年，扬斯和其他人在布莱顿附近参加了"摄政王"号沉船的救援。这艘船在暴风雨中被冲上岸，船员们被困在了船上。扬斯的勇敢行为是非常引人注目的，他先是跳入汹涌的海浪中，然后乘风破浪般游向船员们身边。这时，"有些渔民企图恶意扣留他，并且把他扔下海去"（渔民这样做，大概是为了阻挠救援，从而在沉船后可以获得些沉船"战利品"，译者注），他不得不与之斗争。然而，他最终还是

⊙ 照片为亚伯拉罕·哈特·扬斯及其获得的奖章、奖状。

成功地把救生索带回到海岸警卫队的救生艇上，船员们都安全上岸了。因为这一勇敢的行为，他获得了英国皇家人道协会银质奖章。

五年后的 1848 年，扬斯参加了纽黑文附近一场最为艰难的救援行动。那是一个漆黑的夜晚，海面上波涛汹涌，海岸警卫队接到报警说，瑞典的纵帆船"拉斐特"号被困在岸边的碎浪之中。扬斯又一次自告奋勇地独自前往出事地点，尽管那里的条件非常恶劣。他先是抓住了"拉斐特"号船体，然后慢慢靠近那些被困的船员，可是，在这个过程中他受了重伤。尽管如此，他还是设法游回来，把一条绳索交到了海滩上同事的手中。虽然有两人丧生了，但他们救下了 5 个人。当时的情况非常危险，扬斯差点淹死，而且他的同事一度以为他没命了。扬斯虽然活了下来，但是事后，因为受冻，他的身体遭受了严重的伤害。他的勇敢行为，为他赢得了一枚英国皇家全国救生艇协会银质奖章。

上一页的照片拍摄于 1881 年，展示了亚伯拉罕一生中获得的奖章。在画架上，可以看到他获得的奖项——英国皇家人道协会颁发的一张大幅奖状，表彰他的勇敢行为。这最后一项荣誉，是在拍摄这张照片的两年前颁发的，当时他已经有 79 岁高龄，穿着全套救生装备从一艘开敞式救生艇上跳入水中，救下了一名溺水的人。他一直从事海上救援工作，直到 83 岁才彻底退休。

52

名片大小的船舶照片

"麦格达拉"号，是在海上消失的无数船只之一。

名片是一种口袋大小的卡片，在本章中，名片上的照片是一艘船。自豪的船主或船长，可以随身携带他们船只的这种照片，向潜在的客户进行展示。"麦格达拉"号是 1868 年在桑德兰建造的一艘小型帆船，排水量约为 400 吨。1882 年，这艘船在船长彼得·纳尔逊的率领下，从英国加的夫启航前往印度尼西亚，船上载有煤炭和来自五个不同国家的十名船员。可是，"麦格达拉"号在航行途中消失不见了。

在 19 世纪，虽然没有官方数据统计消失得无影无踪的船只数量，但是这种悄无声息的消失，却存在着惊人的共同点。最富有戏剧性的例子是蒸汽船"格拉斯哥市"号，1854 年 3 月 1 日，它从英国利物浦开往美国费城，船上载有 480 人。它是在大西洋的某个地方突然消失不见了。时至今日，没有人知道这艘船、船上船员或乘客到底遭遇了什么。这艘沉船一直也没有被找到，并且在所有失踪的英国船只中，它的丧生人员是最多的。

白星航运公司的蒸汽船"纳罗尼克"号是一艘货轮，1893 年，它在驶往美国纽约的途中突然失踪，船上载有 74 人。最后，只是找到了两艘救生艇，但是空无一人，所以它的下落仍然是个未解之谜。

对于所有这些海上灾难，失踪人员的亲属们面临极度的绝望，幻想几个月后自己的亲人被冲上了

⊙ 图为名片上的"麦格达拉"号。

一座荒岛，或者被一艘路过的船只救起，所以才没有按期抵达英国。"不知道"这个词真是令人很痛苦。1888年，18岁的珀西·爱德华兹登上了蒸汽船"加的斯湾"号。1889年，报告说这艘船失踪了，然后他的父母和其他船员的家人获得小道消息说，在一座偏远岛屿上看到了灯光，可能是沉船上的幸存者。但是，最终登上这座小岛时，却发现岛上一个人也没有。

虽然那些曾经为"麦格达拉"号船员哀悼的人早已经去世了，但是这艘船的故事可能最终会有一个了结。2015年，澳大利亚专家在海洋中搜寻失踪的马来西亚航空公司MH370航班时，在澳大利亚西南1440英里（约2317千米，编者注）处发现了两艘维多利亚时代的沉船。其中一艘是木制帆船，似乎已经彻底解体，船的周围到处都是煤炭。对煤炭的分析表明，这些煤炭来自英国，而失踪船只的相关记录表明，就船型大小而言，与之最接近的就是"麦格达拉"号。由于甲烷气体的积聚，船舱内密集堆放的煤炭可能会意外爆炸，也可能在高温下自燃。对于1882年"麦格达拉"号的船员来说，可能是上述原因导致他们在惊恐之中突然孤独地死去。

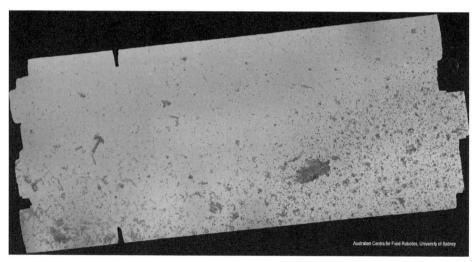

Australian Centre for Field Robotics, University of Sydney

⊙ 通过深水成像技术，确定的"麦格达拉"号可能的残骸。

53

理查德·帕克纪念碑

一名男子，在船只沉没后，被三名饥饿的同船船员杀死并吃掉。

"木樨草"号原本是一艘英国游艇，后来被一名澳大利亚人买下了。1884年，四个人受雇驾驶"木樨草"号前往澳大利亚，将船交给新主人。汤姆·达德利是队长，泰德·布鲁克斯和埃德温·斯蒂芬斯是水手，而17岁的理查德·帕克是船上的服务生。

1884年5月19日，"木樨草"号游艇离开英国南安普顿，驶往澳大利亚。一切都很顺利，直到7月5日，游艇突然在非洲西海岸外的马德拉群岛（隶属葡萄牙，编者注）和南非开普敦之间的某个地方被巨浪击沉。幸运的是，当

⊙ 图为理查德·帕克的纪念碑。

"木樨草"号沉入海底之前，四个人都跳进了一只小划艇里面。之后，他们四个人挤在南大西洋上一艘开敞式救生艇上，孤独无助，风吹日晒，而且仅有的给养是两罐萝卜。同时，他们还没有淡水。他们设法抓到了一只乌龟吃，并且在下雨时储存了少量的雨水，他们甚至喝自己的尿。但是这还远远不够，他们知道，如果救援不来，他们很快就会渴死。

毫无海上生存经验的理查德·帕克下定决心喝大量的海水来解渴。很快，他病入膏肓，不久就陷入了半昏迷状态。他的同伴们认为，他们唯一的生还希望就是杀死并吃掉帕克。在犹豫了片刻之后，斯蒂芬斯按住了这个虚弱的少年，达德利割断了帕克的喉咙。他们三个人喝了帕克的血，然后肢解了他的尸体，最后把残余的人体骨架扔进海里。他们三个人靠吃令人毛骨悚然的人肉活了下来，在海上漂流了24天后，他们被德国船只"蒙特祖玛"号发现，大约一个月后回到了英格兰。

在英格兰，幸存者们经历了一场新的考验，但他们毫不掩饰自己的所作所为。当时，人们普遍认为，"海事惯例"允许杀死别人，只要这样做能够让其他海难受害者活下来——不过，通常是通过抽签方式来选择被杀死的人。杀人是在发生海难悲剧情况下不得已而为之的，并且人们认为这么做并不违法，主要是因为已有判例。例如，"欧克辛斯"号的一些幸存者杀死了一名船员并且吃掉了他，然后这些幸存者最终都被无罪释放。

在"木樨草"号幸存者的案件中，英国当局却持有不同的观点，起诉了这三名幸存者，这让这三人大为吃惊，难以置信。然而在很大程度上，公众却是同情和支持肇事者的。地方法官判决布鲁克斯无罪，因为他没有参与杀人行为，但是另外两人被移交到更高一级的法院，面临谋杀罪的指控。后来，这两人都被判有罪，起初被判处死刑，但是这两人希望得到赦免。最后，这两人得到减刑，判为六个月监禁。然而，这个案件开创了一个重要的判例："不得已而为之"不再是海上或其他任何地方杀人的有效辩护。

同时，"木樨草"号案件也在一定程度上激发了哲学小说《少年派的奇幻漂流》作者扬·马特尔的创作灵感。在这本著名的小说中，一只老虎、一名印第安男孩和其他人在一次海难中幸存下来，作者选择给这只老虎取名为理查德·帕克。这个故事与现实生活中的实际情况相反，理查德·帕克这个角色并不是一名受害者和牺牲品。

54

第一回合板球比赛

结束与上海队的比赛后，香港板球队的大部分队员在一场海上灾难中丧生了。

在 19 世纪 60 年代，上海队和香港队进行了首场板球比赛。这两支队伍分别由驻扎在对应城市的英国人组成，其中许多人都是军人。在 1892 年的比赛中，香港队先在主场击败了上海队，同年 10 月，香港队前往上海进行下一回合的客场比赛，结果上海队大获全胜。

虽然输了比赛，但是香港队的投球手詹姆斯·洛森对自己在第一局的表现感到满意，他拿下了 8 个三柱门。10 月 8 日，板球队员们登上了半岛和东方蒸汽航行公司（P&O）的蒸汽船"布哈拉"号启航返回香港。不幸的是，10 月 10 日，这艘船遭遇了可怕的台风。虽然船长拼尽全力保持船在海上航行，但是在台风的影响下，船偏航向陆地方向驶去，情况实在是太糟糕了，船上所有的救生艇都被摧毁了。晚上 10 时，巨大的海浪掠过"布哈拉"号，浇灭了引擎室的锅炉。不久之后，背风侧又发现了礁石。船上的军官们平静地握了握手：他们知道，没有一台正常运转的引擎，他们无能为力，什么也做不了。

黑暗之中，"布哈拉"号撞上了距离台湾岛海岸不远的澎湖列岛附近的礁石。船很快

```
Shanghai vs. Hong Kong Interport Match
Shanghai Cricket Club Ground, Shanghai
3rd - 4th October 1892
SHANGHAI WON BY 157 RUNS

Shanghai First Innings
W.A.H. Markham    b.Lowson                 2
A.P. Wood         c.Dawson b.Lowson       25
F.J. Abbott       b.Lowson                16
P. Wallace        b.Lowson                 4
A.J.H. Moule      c.Donegan b.Lowson      10
C.S. Barff        c.Jeffkins b.Lowson      0
J. Mann           b.Lowson                 7
W. Bruce-Rob'son  b.Mumford               11
D.W. Crawford     b.Lowson                 2
A.G.H. Carruthers not out                 30
A.P. Nichol       c.Lowson b.Donegan       0

Extras                                     0
Total (all out)   (76 overs)             112

Hong Kong Bowling
                  O   M   R   W   Wd   NB
J.A. Lowson       37  19  66  8   0    0
T.W. Donegan      21  8   25  1   0    0
G. Mumford        18  11  18  1   0    0

Hong Kong First Innings
J.A. Lowson       b.Barff                 10
F.G. Jeffkins     b.Carruthers            13
J. Dunn           b.Carruthers            16
T.W. Donegan      b.Carruthers             0
F.D. Markham      c.Abbott b.Barff         6
C.G. Boyle        c.Mann b.Barff           5
R.H. Dawson       c.Moule b.Nichol         7
G.E. Taverner     b.Carruthers             7
C. Wallace        lbw.Carruthers           9
F.A. Burnett      b.Barff                  0
G. Mumford        not out                  0

Extras            (5 lb)                   5
Total (all out)   (43.0 overs)            78

Shanghai Bowling
                  O   M   R   W   Wd   NB
C.S. Barff        19  7   33  4   0    0
A.G.H. Carruthers 21  7   29  5   0    0
A.P. Nichol       3   3   11  1   0    0
```

⊙ **图为香港队和上海队两队的比赛数据。**

就沉没了，大多数人都淹死了。然而，就在最后时刻，一个大浪把幸存的 23 个人从甲板上掀了起来，然后把他们安全地抛到了毗连的砂岛上，这听起来似乎是令人难以置信的。幸存者包括两名香港板球队队员、洛森和马卡姆中尉。

在岛上，幸存者们找到了一间废弃的小屋，并且设法在那里生存下来，寄希望于他们能够获救。沉船事故发生两天后，一些当地渔民出现了，他们全副武装，打算在该区域搜寻沉船的残骸。洛森后来回忆道："一开始，我们以为他们有杀人的意图，然后大副升起了一面旗帜，我去和他们谈判。我成功地说服他们把我们都带到佩霍村，在那里，我们受到了热情款待。"幸存者们被传唤到妈宫城（今中国台湾澎湖县马公市），拜见这里的中国官员。在大热天里，这段 5 英里（约 8 千米，编者注）左右的跋涉，不仅漫长而且令幸存者们感到十分疲惫。然而，当幸存者们抵达妈宫城时，洛森写道："你无法想象还会有比这更好的接待了。"幸存者们得到了充足的食物和悉心的照顾。

最终，这些幸存者乘坐英国皇家海军军舰"海豚"号返回了香港，而且，由于钦佩当地官员对沉船受害者的照顾，香港市民自发举行了一场募捐活动以示感谢。他们邀请当地官员作为贵宾登上英国皇家海军军舰"海豚"号，在船上，向当地官员呈递了一笔钱以及一个刻有字的银盘子。

此后，香港队和上海队仍然在板球比赛中交手，当他们比赛时，获胜方会获得布哈拉钟纪念奖杯，以纪念 1892 年发生的那场悲惨沉船事件。

⊙　香港队和上海队两队的合影。詹姆斯·劳森是一位中心人物，他坐在椅子上，而马卡姆坐在他右边的地上。

55

一场讲座的广告

詹姆斯·柯伦在英国皇家海军军舰"维多利亚"号离奇沉没事件中幸存下来，并就此做了多场报告。

作为一艘强大且先进的战舰，英国皇家海军军舰"维多利亚"号是乔治·泰伦中将的旗舰，乔治·泰伦爵士是英国皇家海军地中海舰队的指挥官。1893 年 6 月 22 日，在黎巴嫩附近进行军事演习时，泰伦将他的舰队分成两支平行纵队。一支纵队由"维多利亚"号的泰伦率领，另一支纵队由英国皇家海军军舰"坎珀当"号的阿尔伯特·马卡姆少将率领。令人费解的是，泰伦竟然命令两支纵队的两艘领头船转向对方，显然没有足够的空间来进行这样的操作。泰伦的高级军官们当然都知道这一点，但是英国皇家海军的严格纪律，使得军官们根本不敢质疑他的命令。马卡姆少将鼓起勇气犹豫了一会儿，但是泰伦马上向他发出指令："你还在等什么呢？"然后，军事演习继续按照泰伦的命令进行，于是，几乎不可避免地发生了战舰的碰撞。"坎珀当"号在"维多利亚"号的右舷上划开了一道大口子。由于没有足够的时间来关闭水密门，海水涌了进来。仅仅 13 分钟，"维多利亚"号就沉没了。这一切发生得实在是太快，以至于根本没有时间放下救生艇，导致包括泰伦在内的大约 360 人都淹死了。许多人不是被困在下沉的船上，就是在水里绝望地呼喊救命，然后随着"维多利亚"号一起沉入深海之中。一些倒霉的人，甚至被旋转的螺旋桨切成了碎片。然而，仍然有 300 多名幸存者，被舰队其他战舰放下的救生艇救起。

JAMES CURRAN,

A Survivor of H.M.S. VICTORIA who relates his personal experiences at each representation of JOSEPH POOLE'S MYRIORAMA.

R. Dighton's Art Studio   CHELTENHAM

⊙ 图为"维多利亚"号的幸存者詹姆斯·柯伦。

军事法庭认定，泰伦对这场悲剧负有全部责任。在船沉没前不久，有目击者听到他大声说，这都是他的错。

20岁的司炉工詹姆斯·柯伦，作为"维多利亚"号沉船事件的幸存者，发现了一个新的谋生机会。他离开了海军，向公众讲述他的经历。很快，他就被约瑟夫·普尔的"万花筒"节目雇用，该节目邀请柯伦讲述英国皇家海军军舰"维多利亚"号的失事过程，而他的同事们则旋转大型彩色画布，并且布置灯光、音效、音乐和移动的船只模型。这场"声光"巡回演出在英国各地进行，而且还在报纸和名片（如前页所示）上做广告。这种巡回演出，深受观众们欢迎，同时柯伦写道，作为一名演职人员，他的收入是海军工资的四倍。

英国皇家海军舰艇"维多利亚"号沉没事件中，还有一位著名的幸存者约翰·杰里科，当时他是一位年轻的军官。后来，在第一次世界大战中的日德兰海战中，他因指挥英国联合舰队作战而名声大噪。

⊙ 一张维多利亚时代的幻灯片，呈现了"维多利亚"号的最终命运。

56

圣杯

这是 1896 年蒸汽船 "德拉蒙德城堡" 号沉没后，为表达对救援人员的感激之情而馈赠的众多礼物之一。

1896 年 5 月 28 日，"德拉蒙德城堡" 号从开普敦出发，前往伦敦。6 月 16 日，距离伦敦还有一天的航程，这艘船本应驶往法国韦桑岛北部，而韦桑岛是位于英吉利海峡西南端布列塔尼附近的一个小岛。然而，也不知道什么原因，船长将船开往了韦桑岛的南部，而那里有许多礁石。海面上风平浪静，但有雾，而且当时是晚上，或许能见度低是船长做出这个奇怪决定的唯一借口了。

查尔斯·马夸特是船上的一名乘客。大约晚上 10 时 30 分，他在吸烟室里感到一阵轻微的震动，就像一艘船在靠岸时撞击码头时的震动一样。有人说："这是撞船了！"查尔斯跑到甲板上，看到船正在下沉，所以就跑到他的客舱去拿救生圈。虽然没人教过他怎么使用救生圈，但是他还是尽量把它绑在自己身上。令船上所有人都惊慌失措的是，"德拉蒙德城堡" 号在四分钟内就沉没了，所以根本没有时间放下救生艇。

等查尔斯反应过来时，他已经在水中。他说："整个晚上，我紧紧地抓住一根漂浮的圆木，还试图去救那些筋疲力尽的同伴们，以免他们沉入海底，可是无功而返。几个小时后，我疲惫不堪了，被一位名叫贝特莱的渔夫救起来，并被带到了韦桑岛。"

尽管船上大约有 250 人，但是查尔斯没有看到其他的幸存者。他给伦敦的船主，即城堡航运公司，发了一份短电报："'德拉蒙德城堡'号在韦桑岛附近彻底完蛋了。我可能是唯一的幸存者。"事实上，还有两个水手也幸免于难。

得知 "德拉蒙德城堡" 号沉没，英国公众都大吃一惊，当消息传到开普敦时，所有人都惊呆了，因为 "几乎每个镇子上都有人在那艘船上丧生"。

灾难发生后，当地人积极救援，他们的善行和人道主义精神，得到了广泛赞誉。他们不仅救出了为数不多的幸存者，还找到了许多遇难者的尸体，并且为遇难者举行了基督教葬礼。维多利亚女王特别感动，并指示奖励救援人员和搜救人员。因此，一枚特制的银质奖章，上面刻着"维多利亚女王为表谢意"的字样，颁发给了大约 280 名救援人员。

坎特伯雷大主教也深受感动，然后将镀金圣杯作为礼物送给了莫莱讷岛（位于韦桑岛东南方向，编者注）上的教堂，因为许多救援人员居住在这座岛上。由于在布满岩石的边远村落，这些岛民经常难以找到足够的淡水，所以英国人为他们建造了一个大型蓄水池来收集和储存雨水，并且还赠送了一个公共时钟，以便渔民可以根据潮汐时间安排出海航行。此外，还为韦桑岛的居民建造了一座教堂尖顶，以便当地渔民可以将其用作地标，方便海上航行。建造教堂尖顶的大部分费用，来自英国公民的捐款。

⊙　图为坎特伯雷大主教赠送的镀金圣杯。

57

英国贸易局沉船报告

实际上，政府对沉船事故展开的调查，对于提高航行安全没有什么价值。

英国贸易局是负责海上商业运输和安全的政府部门。它对在海上失事的英国船只展开调查，特别是有人员丧生的海上沉船事故，旨在从灾难中吸取教训，并且追究肇事者的责任。至少，从理论上讲，是这样的。

实践中，虽然英国贸易局的调查很彻底，但是影响有限，尤其是在19世纪，因为它的建议很少能够转化为法律固定下来。由于政府采取的是迎合船主的态度，所以这些富有的船主们很少受到批评和指责，即使船主真的有过错，也从未受到经济性的惩罚，更不用说遭到起诉了。在维多利亚时代，如果船长死于海难，即使他是沉船事故的罪魁祸首，也不应当被批评和指责。人们认为船长们都是“绅士”，随着船主的船沉入大海，也就算是受到应有的惩罚了。

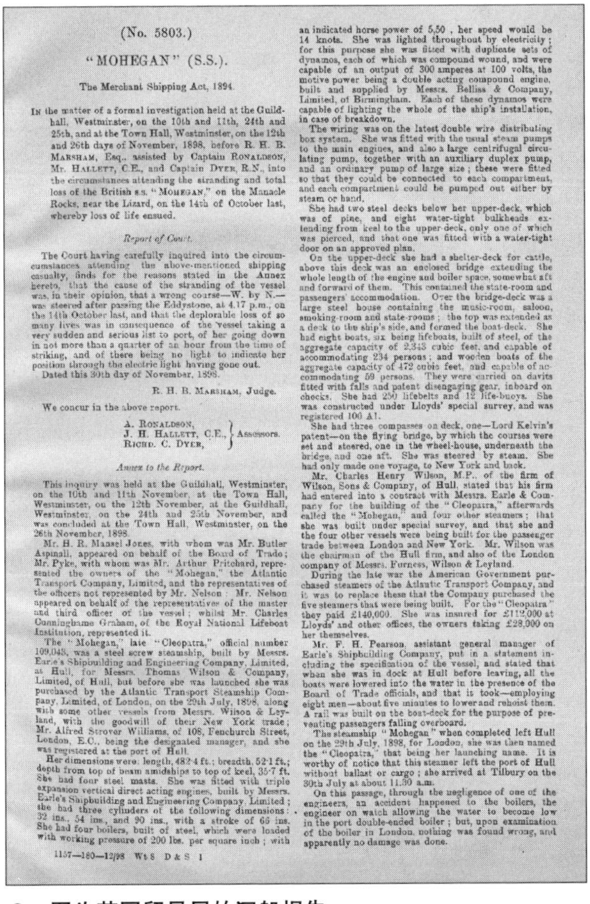

(No. 5803.)

"MOHEGAN" (S.S.).

The Merchant Shipping Act, 1894.

In the matter of a formal investigation held at the Guildhall, Westminster, on the 10th and 11th, 24th and 25th, and at the Town Hall, Westminster, on the 12th and 26th days of November, 1898, before R. H. B. Marsham, Esq., assisted by Captain Ronaldson, Mr. Hallett, C.E., and Captain Dyer, R.N., into the circumstances attending the stranding and total loss of the British s.s. "Mohegan," on the Manacle Rocks, near the Lizard, on the 14th of October last, whereby loss of life ensued.

Report of Court.

The Court having carefully inquired into the circumstances attending the above-mentioned shipping casualty, finds for the reasons stated in the Annex hereto, that the cause of the stranding of the vessel was, in their opinion, that a wrong course—W. by N.—was steered after passing the Eddystone, at 4.17 p.m., on the 14th October last, and that the deplorable loss of so many lives was in consequence of the vessel taking a very sudden and serious list to port, of her going down in not more than a quarter of an hour from the time of striking, and of there being no light to indicate her position through the electric light having gone out.

Dated this 30th day of November, 1898.

R. H. B. Marsham, Judge.

We concur in the above report.

A. Ronaldson,
J. H. Hallett, C.E.,
Richd. C. Dyer,
} Assessors.

Annex to the Report.

This inquiry was held at the Guildhall, Westminster, on the 10th and 11th November, at the Town Hall, Westminster, on the 12th November, at the Guildhall, Westminster, on the 24th and 25th November, and was concluded at the Town Hall, Westminster, on the 26th November, 1898.

Mr. H. R. Mansel Jones, with whom was Mr. Butler Aspinall, appeared on behalf of the Board of Trade; Mr. Pyke, with whom was Mr. Arthur Pritchard, represented the owners of the "Mohegan," the Atlantic Transport Company, Limited, and the representatives of the officers not represented by Mr. Nelson; Mr. Nelson appeared on behalf of the representatives of the master and third officer of the vessel; whilst Mr. Charles Cunninghame Graham, of the Royal National Lifeboat Institution, represented it.

The "Mohegan," late "Cleopatra," official number 109,048, was a steel screw steamship, built by Messrs. Earle's Shipbuilding and Engineering Company, Limited, at Hull, for Messrs. Thomas Wilson & Company, Limited, of Hull, but before she was launched she was purchased by the Atlantic Transport Steamship Company, Limited, of London, on the 29th July, 1898, along with some other vessels from Messrs. Wilson & Leyland, with the goodwill of their New York trade; Mr. Alfred Strover Williams, of 108, Fenchurch Street, London, E.C., being the designated manager, and she was registered at the port of Hull.

Her dimensions were: length, 482·4 ft.; breadth, 52·1 ft.; depth from top of beam amidships to top of keel, 35·7 ft. She had four steel masts. She was fitted with triple expansion vertical direct acting engines, built by Messrs. Earle's Shipbuilding and Engineering Company, Limited; she had three cylinders of the following dimensions: 32 ins., 54 ins., and 90 ins., with a stroke of 66 ins. She had four boilers, built of steel, which were loaded with working pressure of 200 lbs. per square inch; with an indicated horse power of 5,50 , her speed would be 14 knots. She was lighted throughout by electricity; for this purpose she was fitted with duplicate sets of dynamos, each of which was compound wound, and were capable of an output of 300 amperes at 100 volts, the motive power being a double acting compound engine, built and supplied by Messrs. Belliss & Company, Limited, of Birmingham. Each of these dynamos were capable of lighting the whole of the ship's installation, in case of breakdown.

The wiring was on the latest double wire distributing box system. She was fitted with the usual steam pumps to the main engines, and also a large centrifugal circulating pump, together with an auxiliary duplex pump, and an ordinary pump of large size; these were fitted so that they could be connected to each compartment, and each compartment could be pumped out either by steam or hand.

She had two steel decks below her upper-deck, which was of pine, and eight water-tight bulkheads extending from keel to the upper-deck, only one of which was pierced, and that one was fitted with a water-tight door on an approved plan.

On the upper-deck she had a shelter-deck for cattle, above this deck was an enclosed bridge extending the whole length of the engine and boiler space, somewhat aft and forward of them. This contained the state-room and passengers' accommodation. Over the bridge-deck was a large steel house containing the music-room, saloon, smoking-room and state-rooms; the top was extended as a deck to the ship's side, and formed the boat-deck. She had eight boats, six being lifeboats, built of steel, of the aggregate capacity of 2,343 cubic feet, and capable of accommodating 234 persons; and wooden boats of the aggregate capacity of 472 cubic feet, and capable of accommodating 59 persons. They were carried on davits fitted with falls and patent disengaging gear, inboard on chocks. She had 250 lifebelts and 12 life-buoys. She was constructed under Lloyds' special survey, and was registered 100 A1.

She had three compasses on deck, one—Lord Kelvin's patent—on the flying bridge, by which the courses were set and steered, one in the wheel-house, underneath the bridge, and one aft. She was steered by steam. She had only made one voyage, to New York and back.

Mr. Charles Henry Wilson, M.P., of the firm of Wilson, Sons & Company, of Hull, stated that his firm had entered into a contract with Messrs. Earle & Company for the building of the "Cleopatra," afterwards called the "Mohegan," and four other steamers; that she was built under special survey, and that she and the four other vessels were being built for the passenger trade between London and New York. Mr. Wilson was the chairman of the Hull firm, and also of the London company of Messrs. Furness, Wilson & Leyland.

During the late war the American Government purchased steamers of the Atlantic Transport Company, and it was to replace these that the Company purchased the five steamers that were being built. For the "Cleopatra" they paid £140,000. She was insured for £112,000 at Lloyds' and other offices, the owners taking £28,000 on her themselves.

Mr. F. H. Pearson, assistant general manager of Earle's Shipbuilding Company, put in a statement including the specification of the vessel, and stated that when she was in dock at Hull before leaving, all the boats were lowered into the water in the presence of the Board of Trade officials, and that it took—employing eight men—about five minutes to lower and rehoist them. A rail was built on the boat-deck for the purpose of preventing passengers falling overboard.

The steamship "Mohegan" when completed left Hull on the 29th July, 1898, for London, she was then named the "Cleopatra," that being her launching name. It is worthy of notice that this steamer left the port of Hull without ballast or cargo; she arrived at Tilbury on the 30th July at about 11.30 a.m.

On this passage, through the negligence of one of the engineers, an accident happened to the boilers, the engineer on watch allowing the water to become low in the port double-ended boiler; but, upon examination of the boiler in London, nothing was found wrong, and apparently no damage was done.

1157—180—12/98 Wt 8 D & S 1

⊙ 图为英国贸易局的沉船报告。

本章中要讲的调查，

是蒸汽船"莫西干"号的失事事件。1898年10月14日下午6时50分，"莫西干"号撞上了康沃尔郡蜥蜴角附近的礁石，撞击划破了船底，船很快就沉没了。当地救援人员救了一些人，而船上仅有一艘救生艇成功放入水中，最终，100多人丧生，51人获救。

调查的结果如下：

1. 航线设定错误，导致"莫希干"号触礁。船长发现了航线错误，并且舰桥上还有另外两名高级船员。

2. 这艘船在短时间内就开始下沉，并且由于大量进水，在触礁后的3分钟内，所有电灯都熄灭了，故救援人员在夜晚很难找到"莫希干"号。

然而，报告中也有一些批评意见：

·灾难发生前，船员们没有在"莫希干"号上开展释放救生艇的演练（船上救生演练）。因此，尽管有15分钟的时间放下救生艇，但是只有一艘救生艇成功放入水中。一名乘客作证说，该航运公司的其他船只上，也没有进行过船上救生演练。而且即使是开展海上救生演练，也应该是在启航之前进行。

·救生艇没有准备就绪，不能随时放入水中，这延误了救生艇及时下水，造成了人员伤亡。此外，有些救生艇质量糟糕，未使用就已经解体了。

·船长由于"无意中……并且过度自信"而弄错了船的航线。同时，高级船员或瞭望员，也没有注意到船只离陆地太近，更没有发出警报。

·"莫西干"号上没有备用电灯或闪光装置，无法在夜间向救援人员显示它所处的位置。这导致救援受到了延误，造成了人员伤亡。

在整个19世纪，虽然反复强调了客轮上救生艇不足的惨痛教训，但还是没有引起足够的重视。沉船事故是如此常见，以至于人们都觉得沉船事故几乎是不可避免的，认为是"运气不好"使然，而不认为是船主疏忽或船长无能之类的过错造成的。在实践中，应当受到处罚的船长或领航员，如果从海难中幸存下来，顶多只会受到谴责，这是沉船事故调查后所能实施的最高惩罚了。

⊙ 这是"莫西干"号失事后第二天的残骸情况。

58

彩色玻璃窗

利物浦大教堂纪念一名妇女，1899年，她为救别人而献出了自己的生命。

蒸汽船"斯特拉"号往返于南安普顿和海峡群岛之间的航线上，而且是经常载着乘客们度假。1899年3月30日，这艘船载有人数不详的乘客和船员，总数可能在220人以上，其中包括46岁的资深女服务员玛丽·安妮·罗杰斯（下文称为罗杰斯夫人），她在海上工作16年了。不幸的是，一场巨大的灾难降临在这艘船上，大约105人被淹死，《伦敦新闻画报》进行了简要的报道：

星期四下午，即耶稣受难日的前一天，在奥尔德尼岛和根西岛之间的浓雾中，伦敦及西南铁路公司旗下小巧的蒸汽船"斯特拉"号，于上午11时15分离开南安普顿，在前往海峡群岛的途中被卡斯凯礁石困住了，而且，由于当时是高速行驶，几分钟内，它的钢制船底就被锋利的锯齿状暗礁划开了。六艘救生艇上面载着许多乘客（都是妇女和儿童），

⊙ 印在彩色玻璃窗上的罗杰斯夫人肖像。

很快就放到了水面上，并且她们还有救生圈，但是有一艘大型救生艇倾覆了。不一会儿，"斯特拉"号沉没了，海水涌进了引擎室，引起蒸汽锅炉爆炸，把船炸成了碎片，几乎所有留在"斯特拉"号上的人都淹死了。

虽然"斯特拉"号很快就沉没了，但是罗杰斯夫人想方设法营救了她负责服务的所有乘客。她让乘客先平静下来，并且让他们安下心来，然后帮助他们登上了救生艇，而且坚持把自己的救生圈交给了一个与家人走散的年轻女子。

"斯特拉"号开始下沉时，水手们催促罗杰斯夫人赶快登上救生艇逃生，但她拒绝了，因为她意识到救生艇超载了，她的体重可能会使救生艇倾覆。相反，她选择和"斯特拉"号一起沉入海中，通常是男性船长才会这样做。罗杰斯夫人选择像一名专业船员那样去做，她的勇敢举动立即赢得了全国人民的赞誉。而且，英国全国纷纷行动起来，纪念她的勇敢举动。在安普顿的海滨上，建立了一座巨大的纪念性饮水喷头来纪念她。在利物浦圣公会大教堂，有一扇彩色玻璃窗上印有她的肖像。在伦敦市，有一块专门纪念她英勇事迹的牌匾。难能可贵的是，当时英国最重要的三个商业性港口，联合起来共同表达对她的敬意。

罗杰斯夫人死后，留下了年迈的父亲和两个孩子，他们均依靠她的收入来生活。英国公众迅速响应了经济援助的请求，筹集了 570 英镑——这在 1899 年可是一大笔钱，以确保祖孙三人得到照顾。这笔钱的

⊙　建于南安普顿的饮水喷头，以纪念罗杰斯夫人。

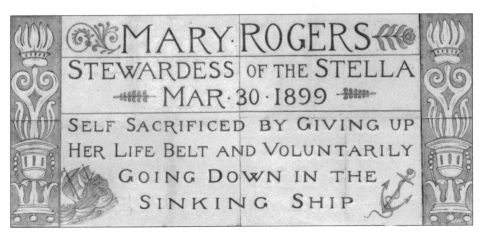

MARY·ROGERS
STEWARDESS OF THE STELLA
MAR·30·1899
SELF SACRIFICED BY GIVING UP
HER LIFE BELT AND VOLUNTARILY
GOING DOWN IN THE
SINKING SHIP

⊙ 图为位于伦敦市的纪念牌匾。

一部分，用于在南安普顿建立纪念碑，碑上写道，她的行为"值得永久纪念，因为在世界上琐碎的快乐和利欲熏心的争斗中，她的英雄之举让我们永远记住了人性的高尚和爱的价值"。随后，在官方调查中，与"斯特拉"号一同沉入海中的瑞克斯船长，受到了强烈谴责，因为他在进入大雾区时没有减速。

59

海上遇险信号

船只能够请求紧急援助，是安全方面的重大进步。

19 世纪 30 年代晚期，塞缪尔·莫尔斯发明了莫尔斯电码，1848 年，弗里德里希·格克对莫尔斯电码进行了重大修改。莫尔斯电码通过手动敲打出来的一系列长短不一的电子脉冲——"点"和"划"，来代表字母表中的单个字母。这些"点"和"划"可以组合在一起，通过电报系统沿着电线向遥远的地方发送信息，而电报系统最初是由威廉·库克和查尔斯·惠特斯通进行商业化开发利用的。

依靠实实在在的电线来进行位置连接，这种通信方法虽然很有用，但无法在大海上航行的船只上使用。然而，古列尔莫·马可尼在无线电方面的创举，使他发明了无线电报，在这种电报中，莫尔斯电码可以通过无线电波在空气中发送。20 世纪初，马可尼成立了自己的公司，提供船上所需的无线电设备和训练有素的操作员，这些操作员被称为"马可尼人"。

1904 年 2 月，马可尼的公司采用了"CQD"作为遇险船只的标准代码。陆地电报已经使用 CQ 码来表示紧急情况，而马可尼在后面加上一个"D"表示痛苦。后来，人们普遍认为"D"的意思是"快来，危险"。虽然这个代码广泛使用了多年，尤其是在马可尼公司几乎占据垄断地位的英国船只上，但是，在 1906 年的一次国际会议上，人们同意改用 SOS 作为求救信号。SOS 这个信号的莫尔斯电码是三个点，然后三个划，接着又是三个点。因此，它不容易忘，而且更容易快速和重复地发送，同时接收者也可以立即识别。这种编码是德国首创的，并且不代表任何特定的意义，但是，像 CQD 一样，它很快就有了自己的背后隐藏含

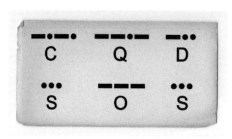

⊙ 图为 CQD 与 SOS 的莫尔斯电码。

义——"救救我们"。

使用无线电报求救在海上挽救了多少条生命，是无法准确计算的。著名的案例是，英国皇家邮轮"泰坦尼克"号上的无线电操作员，在他们的船撞上冰山遇险时发送了CQD（当时它仍然被广泛使用），但是后来改为发送SOS。接到求救信号后，英国皇家邮轮"卡帕西亚"号前来救援，拯救了所有的幸存者。人们普遍认为这是世界上第一个海上SOS信号，其实并非如此。世界上第一个海上SOS信号，是由英国皇家邮轮"斯拉沃尼亚"号上19岁的无线电操作员斯坦利·科尔斯发出的。1909年6月10日，大雾中，他所在的船在亚速尔群岛附近搁浅。两艘蒸汽船"艾琳公主"号和"巴达维亚"号均收到了科尔

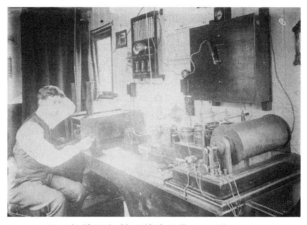

⊙ 20世纪初德国船舶"德意志"号上的马可尼公司无线电操作员。

⊙ 船上的无线电设备（带有耳机），同时采用莫尔斯电码发送电报。

斯的求救，前来救援，将所有乘客和船员送往欧洲大陆。"斯拉沃尼亚"号本身已经严重损坏并彻底报废了，不得不被遗弃海上。后经调查，"斯拉沃尼亚"号的船长在大雾天气中航行过快和明显偏离航线，而受到了严厉谴责。

20世纪30年代，无线电报被常规无线电台（"无线电话"）所取代。当然了，这使得人类的语音而不是莫尔斯电码得以广泛传播。

60

潜艇方尖碑

这是对早期潜艇上勇敢艇员的深深敬意。

在早年的英国潜艇中，人数不多的艇员常常暴露在巨大的危险之中。在20世纪初，在水下操作军用船只的想法还是很新颖的。最初的潜艇技术很原始，所以在设计、实际操作和安全性方面，还有很多需要学习和改进的地方。一开始海军部可能认为潜艇没有什么太大的用处，所以，对潜艇持怀疑态度，并且迟迟没有认识到它们的潜力。这也就意味着对潜艇开发的投资，并没有达到应有的水平。

英国皇家海军的"A1"号，是英国设计和建造的第一艘潜艇。它于1902年下水，不幸的是，它在海军服役的时间相当有限。1904年3月18日，这艘潜艇位于怀特岛东海岸附近，由洛夫特斯·曼瑟奇中尉指挥。当时，它正在参加一场军事演习，演习内容包括对英国皇家海军军舰"朱诺"号的"隐形攻击"演练。而蒸汽船"伯威克城堡"号完全不了解情况，所以径直穿过该演习海域，撞上了当时被认为是水下训练鱼雷的东西。"伯威克城堡"号船长报告了这一情况，直到此时，他才意识到这个东西一定是未能浮出水面的英国皇家海军舰艇"A1"号。"伯威克城堡"号在潜艇上撞开了一道口子，导致潜艇进水，所有11名艇员都淹死了。英国皇家海军先是将潜艇打捞了上来，然后开始寻找潜艇士兵的遗体以便进行安葬。艇员们相当于被困在一个金属棺材里被淹死的，这种

⊙ **图为潜艇方尖碑。**

独特而可怕的死亡方式，引起了公众的极大同情。但是，经过修复，英国皇家海军的"A1"号作为训练舰，重新投入使用，没想到，在1911年的一次训练中，它在无人操纵的情况下第二次沉没了。这一次，英国皇家海军没有打捞这艘沉船，它至今仍然躺在海底。

⊙ 大批民众聚集在英国皇家海军舰艇"A1"号艇员的葬礼上，表达敬意。

当为纪念英国皇家海军的"A1"号遇难艇员而建立这座方尖碑时，英国皇家海军可能没有想到，很快，更多遇难艇员的名字刻在了方尖碑上，这些遇难艇员，每个都有自己悲惨的灾难故事。

1905年2月16日，英国皇家海军的"A5"

⊙ 古代和现代——英国皇家海军军舰"维多利亚"号注视着一艘爱德华时代的潜艇。

号在爱尔兰皇后镇（今科夫镇）发生爆炸。爆炸很可能是火花点燃了汽油蒸气而引发的，10名艇员中有6人丧生。1906年，英国皇家海军的"A8"号指挥塔浮出海面，在海面上行驶时突然沉入海中。海水涌进来，很快，潜艇在普利茅斯附近沉没，15名艇员全部淹死。1912年，在怀特岛附近，英国皇家海军舰艇"A3"号对英国皇家海军军舰"哈泽德"号进行模拟攻击时，意外与"哈泽德"号相撞。同样，"A3"号潜艇也沉没了，艇上14人全部遇难。

这四件潜艇沉没事件，现在都被刻在方尖碑上，这座方尖碑矗立在戈斯波特的哈什拉尔英国皇家海军公墓。

61

幸存者的照片

蒸汽船"希尔达"号的沉没发生在冬季，因此船上几乎所有人都是被冻死的。

威廉·格雷戈里船长是一位经验丰富的航海专家，他驾船横渡英吉利海峡约有1000次。他是一位非常谨慎的船长，十分注意规避航行途中的危险。1905年11月17日，在他的指挥下，蒸汽船"希尔达"号将乘客从英国南安普顿运送到法国圣马洛。由于海上有大雾，他将出发时间推迟了近两个小时，启航后当晚11时左右，他把"希尔达"号停泊在怀特岛附近，耐心等待大雾消散后再继续航行。第二天早上又下起了一场大雪，虽然这耽搁了更多的时间，但是格雷戈里船长还是有足够的耐心。

11月19日下午2时，一位同事告诉水手詹姆斯·格林特，"希尔达"号已经驶离英国泽西岛，下午6时，他们就能看到圣马洛的灯光了，但随后又开始下雪了，岸边的灯光也消失了。天气越变越糟，船长不得不一直操控"希尔达"号远离陆地。格林特当晚8时30分下班，此时海面上浪很大，而且雪还在下。格林特睡着了，但是在晚上11时左右，船撞上了礁石，他被吵醒了。他冲到甲板上，此时格雷戈里船长在甲板上指挥，下令将救生艇放入水中。

⊙ 图为"希尔达"号的幸存者。

不幸的是，由于靠近礁石，有三艘救生艇无法放入水中，而且由于天气恶劣，第四艘船在下水过程中被撞得粉碎。所有的乘客都穿上了救生衣，试图下到位于左舷的一艘救生艇上，突然，"希尔达"号的船尾沉没了，所有人都被从甲板上冲到了冰冷且狂暴的大海之中。天气实在是太冷了，那些落入海里的人根本没有活下去的机会。格林特和其他许多人想方设法靠近了水面上的唯一桅杆。"大副抓住了索具，叫我爬上去，厨师跟在我们后面"，他回忆道，"右舷索具上挤满了人。"可是，就在他刚刚到达这个避难位置的时候，船砰的一声断成了两半。与此同时，"希尔达"号竟然翻了个身，把索具上的许多东西都甩到了海里。船整夜处在颠簸之中，人们一个接一个地在严寒中死去。

第二天早上，蒸汽船"艾达"号发现了这艘沉船，并且派出了一艘救生艇前去营救幸存者，同时一名法国领航员也登上救生艇提供帮助。在大风大浪中搜救，是一项艰巨的任务。他们一起救出了詹姆斯·格林特和五名来自法国布列塔尼的乘客，这五人本是乘船前往英国去售卖洋葱。在照片中，后排右边那位就是格林特。

大副、一名锅炉工和两名乘客被发现时已经死亡，但是他们仍然紧紧地抓住索具。大约130人丧生，其中大约70人的遗体被发现时仍然漂浮在海上，尽管他们穿着救生衣，但还是因极度寒冷而死去。

⊙ 船舶失事后的残骸，可以看到幸存者紧紧抓住的桅杆。

62

半艘船的明信片

1907 年，"苏维维克"号沉船的船尾被打捞上来，用来制造一艘新船。

白星航运公司，似乎总是不可避免地失去大名鼎鼎的船只。当然了，1912年失事的"泰坦尼克"号，是名气最大的一艘，但是白星航运公司还损失了许多艘其他著名的船只。1873 年，英国皇家邮轮"大西洋"号在加拿大新斯科舍附近遭遇风暴搁浅，并且所有救生艇全部丧失，导致幸存者只能游上岸求生。该海难事件共造成 535 人丧生，是整个 19 世纪在跨大西洋沉船海难中平民死亡人数最多的一次。1893 年，白星航运公司旗下的蒸汽船"纳罗尼克"号驶入大西洋，从此再也没有回来过。1909 年，富丽堂皇的英国皇家邮轮"共和"号与另一艘船相撞后沉没。1916 年，"泰坦尼克"号的姊妹船"不列颠尼克"号，用作战时医院船时触雷沉没。

然而，蒸汽船"苏埃维克"号的故事是不同寻常的。1907 年 3 月 17 日，这艘船从澳大利亚墨尔本返航英国西南部。在夜间的强风和暴雨中，能见度大大降低，船长无法确定"苏埃维克"号的位置，只能依靠远远地望着英国康沃尔郡的蜥蜴灯塔，来保证航行在安全的航线上。当最终看到灯塔时，"苏埃维克"号在预计位置的前方 16 英里（约 25.7 千米，编者注）处，尽管在最后时刻试图改变航线，但是船还是几乎全速前进，冒着蒸气，猛烈地撞上了礁石。

幸运的是，这艘船被困在相对较浅水域的礁石上，所以没有立即沉没的危险。船长托马斯·琼斯下令发射遇险信号弹，英国皇家全国救生艇协会的救生艇从四个不同的地点赶来救援。这是该协会历史上最大的一次救援行动，在全力以赴地救援了 16 个小时后，456 名乘客和船员获救；值得一提的是，这些小型救生艇是以桨手为动力的。令人难以置信的是，没有人丧生，并且 6 人因他们的勇敢救援举动而被授予了英国皇家全国救生艇协会奖章。

然而，这个不同寻常的故事并没有就此结束。虽然救起整艘船的尝试失败了，但是白星航运公司认为，就算只把船尾救上来，也是划算的。因此，他

⊙　图为半艘"苏维维克"号的明信片。

⊙　幽暗之中,"苏维维克"号撞上了礁石。

们小心翼翼地安置炸药量,将船首(仍然困在礁石上)与船尾炸开,然后使船尾成功地浮了起来,并拖回了英国南安普顿。与此同时,在英国贝尔法斯特,哈兰德与沃尔夫造船厂建造了新的船首,然后将船首拖到南安普顿,在那里,

⊙　在南安普顿，一个新船首（左）正连接到打捞上来的船尾（右）上。

将船首和船尾连接在了一起。

　　这个故事令公众深受震撼，因为它展示了英国造船工人的聪明才智，所以人们制作了许多的明信片（比如本章中展示的这些），来纪念造船史上的这项创举。

　　1908 年 1 月，在灾难发生后不到一年的时间里，"苏埃维克"号重新服役，又航行了 34 年。在第二次世界大战中，它有了新的船名，为了防止它落入德国人之手，英国人故意将其凿沉，消失在茫茫大海之中。

63
位于南安普顿的前白星航运公司办公大楼

在这里，人们排着队想知道他们的亲人是否在英国皇家邮轮"泰坦尼克"号沉船事故中幸存下来。

　　1912 年，这座小建筑，突然之间成为人们关注的焦点。4 月 15 日，大西洋上船只之间的无线电信息，向英国南安普顿市透露了"泰坦尼克"号已经沉没的消息。后来又有消息称，大约 1500 人已经丧生，但是谁活了下来，谁死了呢？"泰坦尼克"号上估计有 908 名船员，其中 724 名来自南安普顿。由于别无他法，充满绝望的当地家庭聚集在白星航运公司办公楼外，等待他们亲人的消息。可是，他们整整痛苦地等待了 5 天，最终的幸存者名单才出炉。那些幸存下来的人先被救起，然后转移到安全的地方，接着确认身份，记录在册并

⊙　图为前白星航运公司办公大楼。

且报告给英国政府。这整个过程需要很多时间。

当他们掌握了所有的相关信息之后，白星航运公司的工作人员在好几张大纸上写了所有已知的幸存者的名字，接着将这些大纸贴在办公楼外的栏杆上。当地人挤在一起，去寻找等待自己的到底是好消息还是坏消息，但是坏消息居多。情况比任何人担心的都要糟糕：在696名遇难船员中，有549名来自南安普顿。这座城市立即陷入了绝望之中。

鉴于这一沉船悲剧的规模，也就不难理解，南安普顿以其众多的"泰坦尼克"号纪念馆而闻名于世了。最著名的，可能是采用青铜和石材制成的轮机员雕像，他们"坚守岗位，表现出崇高的责任感和英雄主义精神"。还有一个感人的纪念碑，是纪念"泰坦尼克"号上的音乐家们，他们在"泰坦尼克"号下沉的时候，还继续演奏音乐。这是一个复制品，因为原版作品在1940年的空袭中被毁，但是它呈现出当时船只沉没的景象，上面还有赞美诗的音符和演奏者的名字。在市中心，有一个纪念船上邮局职员的纪念碑，它是采用"泰坦尼克"号的备用螺旋桨（由哈兰德与沃尔夫造船厂捐赠）制成的。此外，荷里路德教堂还建有一个公共喷泉，用来纪念所有遇难的船员；这个公共喷泉耸立在穿过海浪的"泰坦尼克"号之上。

同时，有四名南安普顿的船员幸运地逃脱了大西洋冰冷的魔爪。阿尔弗雷德·斯莱德、伯特莱姆·斯莱德和托马斯·斯莱德三兄弟和他们的朋友阿尔弗雷德·彭尼，当时在一家酒吧里喝酒。他们都已签约为"泰坦尼克"号的船员，但是他们拖到最后一刻才上船，因为船就停在离酒吧不远的地方。虽然离开船只有几分钟了，但是他们知道自己能赶到，可是，随后一列火车挡住了他们赶往轮船的去路，似乎是堵了他们很久。当他们到达登船处时，登船踏板已经被移开了。他们四个人都苦苦哀求，并且抗议，但是太迟了。一列行驶缓慢的火车，彻底改变了他们四人一生的命运。

⊙ "泰坦尼克"号轮机员纪念碑。

64

亚瑟·罗斯特隆和莫莉·布朗的新闻照片

对领导"泰坦尼克"号幸存者救援行动的人进行表彰。

　　亚瑟·罗斯特隆是"卡帕西亚"号的船长，他驾驶的这艘船是第一个到达沉船现场，将"泰坦尼克"号救生艇上的幸存者救到船上的。在明知漂有浮冰的海洋中，罗斯特隆船长仍以最快的速度勇敢地前进。他知道这样做是在拿他自己的船冒险，但是这让他救下了700多人。在美国，罗斯特隆获得了许多奖项，包括国会金质勋章和美国十字荣誉勋章。下面的新闻照片显示，罗斯特隆船长正在接受一座银质奖杯，这是玛格丽特·"莫莉"·布朗（一名"泰坦尼克"号幸存者）代表被罗斯特隆船长救下的乘客颁发的。

⊙　图为玛格丽特·"莫莉"·布朗向亚瑟·罗斯特隆船长颁发银质奖杯。

在海上救援后，雇主、国家机构或心怀感激的船主，通常会向救援人员授予物质奖励或礼物，以示感谢。除此之外，在沉船事故中幸存下来的人，如果他们有能力的话，通常会奖励那些把他们从水中救出来的人；而且针对特别勇敢的救援行为，经常会发起公众募捐活动。

在维多利亚时代，英国政府的贸易局会为功不可没或英勇的救援举动颁发奖励。例如，1863 年来自英国加的夫的"阿尔比恩"号船长查尔斯·纽曼，当发现正在下沉的"君主"号时，果断地营救了"君主"号上的船员。他获赠一台当时市值为 5 英镑 15 先令 6 便士的望远镜。同时，外国政府可能也会颁发奖励。来自泽西岛的约翰·皮顿船长，因 1862 年拯救了遭遇海难的美国船只"理查德·莫斯"号的船员，被美国总统亚伯拉罕·林肯授予了一个金制的航海经纬仪。

英国各类慈善机构，都会颁发奖章以表彰在海上勇敢救援的人，比如英国皇家全国救生艇协会和英国皇家人道协会（详见第 51 章）以及伦敦劳埃德保险公司，都会颁发奖章。对海上英勇救援举动授予的英国国家级奖励主要有：贸易局海上救生勋章（通常被称为"海上英勇勋章"）、阿尔伯特勋章（现称为乔治十字勋章）和大英帝国勋章。

⊙ 约翰·皮顿船长受到美国总统亚伯拉罕·林肯的嘉奖。

令人不解的是，尽管拯救了那么多"泰坦尼克"号的受害者，但是罗斯特隆船长却没有因为他的功绩而获得英国政府的国家级奖励，然而利物浦沉船和人道协会为他颁发了金质勋章，而他的 8 名船员获得了银质勋章。此外，因为罗斯特隆船长在第一次世界大战中指挥战舰作战，并且长期担任著名的丘纳德航运公司旗下英国皇家邮轮"毛里塔尼亚"号的船长，凭借如此出色的职业履历，1926 年，他被封为爵士。

虽然罗斯特隆是兰开斯特家族的人，但是他死后被安葬在南安普顿附近，这非常合适，因为那里是"泰坦尼克"号的精神家园，后来还有一条路以他的名字命名。

65

一艘着火的船

这是从一艘救援船上照相机拍下的照片，熊熊燃烧的蒸汽船"沃尔图诺"号上650多人的生命受到威胁。

"泰坦尼克"号的悲剧催生了对船只的新要求，即为船上的每个人提供足够的救生艇位置。虽然这一要求直到1914年才成为国际准则，但是一些船东提前采纳了。蒸汽船"沃尔图诺"号配备了足够的救生艇和橡皮艇，一共可以载1093人，并且还携带了1511件救生衣和23个救生圈。1913年10月2日，当"沃尔图诺"号驶离荷兰鹿特丹时，船上有561名乘客和93名船员，因此，船上的救生设备绰绰有余了。然而，正如"沃尔图诺"号上所发生的可怕事件一样，海上安全的某些重要方面还是被忽视了。

10月9日清晨，"沃尔图诺"号货舱起火，所以警报被拉响了。火灾引发

⊙ 图为燃烧的"沃尔图诺"号。

了两次爆炸，导致操舵装置失灵，而且大火造成至少 4 名船员死亡。灭火工作开始了，同时，尽管海面上波涛汹涌，救生艇还是被放下了。其中四艘救生艇是在载有人员的情况下放入水中的：两艘救生艇在下水过程中倾覆了，一艘救生艇在摇摆的"沃尔图诺"号下方被压碎了，第四艘救生艇虽然带着多达 50 人逃离了"沃尔图诺"号，但是再也没有出现过。其他的空救生艇在下水过程中均被撞碎了。

令人震惊的是，134 名遇难者，几乎都是在救生艇上丧生的。尽管船在熊熊燃烧，仍然留在船上的人却几乎都活了下来，并且被 12 艘蒸汽船（这些蒸汽船迅速回应"沃尔图诺"号的求救信号，并且前来救援）中的一艘救了下来。

虽然起火的原因，各方从未给出明确的说法，但是，"沃尔图诺"号的确装载了 144 桶超氧化钡粉。在随后的调查中，一位专家在木片之间轻轻摩擦这种化学物质，它就自燃了。"沃尔图诺"号航行中，曾遭遇汹涌的海浪，而这些海浪可能会搅动这些化学物质，并且法庭统计发现，近年来，至少有两艘装载这种危险物质的船舶曾被焚毁。

法庭还指出，"沃尔图诺"号船员在紧急情况下释放救生艇的训练（船上救生演练）不充分。这个几乎是普遍存在的问题，而且与这样一个事实有关：大多数船员受雇一次只是从事单程航行，因为船主们不想船员们不在海上时，还为他们支付工钱。这意味着，在两次航行之间没有培训船员的机会，而恰恰在一次航行开始之时，有太多的事情需要进行培训。一旦船在海上航行，船员们是否有空进行培训，取决于要求船员们去做事情的多少。此外，每艘船的救生艇的类型和位置都不同，而且船上救生演练往往是草草了事和流于形式。因此，在实际操作中，船员们对正确地放下救生艇的准备不足，同时即使救生艇放到水面后，也不能妥善得进行操控。

船员的非永久性合同问题，直到第二次世界大战才得到改变，而关于安全运输危险货物的现代国际条例，直到 20 世纪 60 年代各国才达成一致意见。

66

报纸头版宣布劳伦斯·欧文的死讯

> 1914年，一位著名男演员和他的妻子在"爱尔兰女皇"号上丧生了。

劳伦斯·欧文是维多利亚时期戏剧巨匠亨利·欧文爵士的儿子，劳伦斯·欧文和他的妻子梅布尔，均是演艺圈里的知名人物。同时，劳伦斯·欧文还是一位剧作家，1914年5月，这对夫妇刚刚在加拿大结束了一次非常成功的巡演，演出的主要剧目是劳伦斯自己创作的戏剧《台风》。5月28日，他们登上了英国皇家邮轮"爱尔兰女皇"号，这艘船在当天下午晚些时候离开了魁北克，沿着圣劳伦斯河驶向大西洋。

午夜过后，河面上开始起雾了。"爱尔兰女皇"号和一艘挪威籍运煤船（蒸汽船"斯托尔斯塔德"号）都看到了对方，起初两艘船相距几千米，但是随着雾越来越浓，两艘船彼此看不见对方了。两艘船不停地吹着雾哨，并且通过船上的灯光标明自己的位置。"斯托尔斯塔德"号在黑暗中若隐若现，但是不知何故，突然以惊人的速度撞向了"爱尔兰女皇"号的中部。"斯托尔斯塔德"号就像一个巨大的开罐器，在"爱尔兰女皇"号的侧面撕开了一道巨大的口子。

水很快就涌进了"爱尔兰女皇"号，船员根本没有时间关闭水密门。下层甲板上的人都被淹死了，而那些跑到主甲板上的人则试图登上救生艇。虽然右舷的一些救生艇下水了，

⊙ **图为欧文夫妇的死讯报道。**

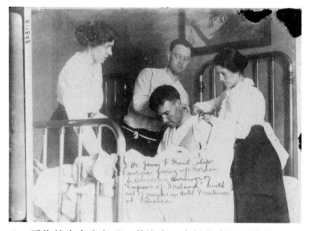

⊙ 受伤的幸存者戈登·戴维森，在魁北克接受治疗。

但是"爱尔兰女皇"号迅速倾斜，所以左舷没有一艘救生艇可以下水。随后，船上的灯光很快就熄灭了，然后船发生翻转，右舷露出了水面，数百人趁机爬到了右舷上。许多人都在右舷上坐了下来，大家希望"爱尔兰女皇"号可以在这个位置处稳定下来，但是这个希望很快就破灭了，因为船突然滑到了水下，而此时距离碰撞发生还不到15分钟。

"爱尔兰女皇"号上有1477人左右，大约1015人丧生。由于仍然浮在河面上，所以"斯托尔斯塔德"号上没有人丧生。虽然两艘船的船员相互指责是对方的过错，但是在官方调查中，两船相撞事故被认定应由"斯托尔斯塔德"号承担责任。也可能是"爱尔兰女皇"号船长改变了航线，在大雾之中，"斯托尔斯塔德"号既无法完全看到也无法预判"爱尔兰女皇"号改变航线。

⊙ 图为"爱尔兰女皇"号。

报纸对这次海上灾难进行了报道，提到两艘船发生碰撞时，欧文夫妇正在他们的客舱里睡觉。劳伦斯跑到了主甲板上，但是不知何故，他妻子没有跟他一起上来。他知道妻子梅布尔不会游泳，所以又跑回客舱去找她。找到他的妻子时，发现她穿着睡衣，他把妻子弄到甲板上，然后他们穿上了救生衣，可怜的梅布尔当时都吓哭了。他们到达"爱尔兰女皇"号船舷时，船翻了，而且就在船即将沉没的时候，有人看到他们夫妻二人亲吻和拥抱。

当劳伦斯的尸体被冲上岸时，他手里还紧紧抓着妻子睡衣的一块碎片。

67

德国 U 型潜艇 "U-9" 号艇员的宣传图像

在 1914 年，德国潜艇令英国皇家海军身心俱疲。

第一次世界大战开始后不久，德国就庆祝了一场重大的海上胜利。这张当时发行的明信片上写道："我们的英雄！U 型潜艇 'U-9' 号艇员和他们的指挥官魏迪根上尉一起愉快地返航，他们于 1914 年 9 月 22 日成功击沉了三艘英国巡洋舰。"

1914 年 9 月 22 日，奥托·魏迪根和他的 U 型潜艇艇员在黎明时分离开了荷兰海岸，然后发现了三艘英国皇家海军军舰。这三艘舰艇隶属于第七巡洋舰中队，守卫着英吉利海峡的东部入口。魏迪根用一枚鱼雷成功地击中了英国皇家海军巡洋舰 "阿布基尔" 号，而英国人并没有发现这艘德国潜艇。英国人以为他们的 "阿布基尔" 号触雷了，所以在 "阿布基尔" 号沉没时，另外两艘巡洋舰靠近它提供援助。这使得魏迪根有机会向英国皇家海军巡洋舰 "霍格" 号发射了两枚鱼雷，导致舰体受损严重，很快就沉没了。然而，这次英国人发现

⊙ 图为 U 型潜艇 "U-9" 号艇员合影。

了这艘德国潜艇。英国皇家海军巡洋舰"克雷西"号追击并且试图撞击德国潜艇，但是没有成功。当"克雷西"号巡洋舰返回营救前两艘巡洋舰上落水的船员时，魏迪根向"克雷西"号发射了三枚鱼雷，导致"克雷西"号迅速倾覆，但是，在沉到海底之前，"克雷西"号仍然漂浮了一段时间。这是一场一边倒的大屠杀。英国人完全没有料到三艘巡洋舰会被一艘潜艇干掉，同时1400多名海军官兵牺牲。

令人难以置信的是，15岁的英国皇家海军候补少尉基特·威克汉姆·马斯格雷夫，竟然奇迹般地在三艘巡洋舰的沉没中均幸存下来。他原本是在"阿布基尔"号上的，在船下沉时，他跳入水中；他刚爬上"霍格"号，"霍格"号就被鱼雷击中了。最后，他游到了英国皇家海军巡洋舰"克雷西"号上，他觉得这下终于安全了，但是他简直不敢相信自己的眼睛，这艘船也被鱼雷击中而沉没。第三次落水时，他很快就筋疲力尽了，但他找到了一块漂浮的大木头，然后爬到上面，最后被一艘荷兰渔船救了起来。

这些德国潜艇被称为U型潜艇，源自德语"unterseeboot"（潜水艇）。很明显，英国人还没有准备好如何对付U型潜艇，可是U型潜艇已经成为德国发动海上战争的主要装备。英国海军部知道，必须要改变策略，而且要快。

在德国的家中，魏迪根被授予铁十字勋章，成为众多出名的U型潜艇指挥官中第一个获得铁十字勋章的人，无论走到哪里，魏迪根都会戴着这枚铁十字勋章。不到一个月，他又击沉了英国皇家海军军舰"霍克"号，第二年，他击沉了四艘商船，损坏了两艘。然而，他的运气很快就用完了。1915年3月，他指挥"U-29"号潜艇，却在英国皇家海军军舰"无畏"号的航道上浮出水面，"无畏"号追击并且撞击了"U-29"号潜艇，将其撞成两半。"U-29"号潜艇没有任何幸存者，所有艇员全部葬身大海。

⊙ 图为奥托·魏迪根和他的妻子。

魏迪根是一位开路先锋。在他身后，涌现出了更多赫赫有名的潜艇指挥官，最出名的当属洛萨·冯·阿尔诺德·德拉·佩里埃，他击沉了195艘英国和盟军船只，实在是太惊人了。

68

船舶的螺旋桨

这个是英国皇家邮轮"卢西塔尼亚"号上安装的四个螺旋桨之一，该船被一艘 U 型潜艇击沉，这激怒了全世界。

这个重达 22.5 吨的螺旋桨，于 1915 年随着"卢西塔尼亚"号的残骸一起沉入大西洋海底，在海底整整躺了 67 年，才被打捞上来。目前，这个螺旋桨在默西塞德海事博物馆（位于"卢西塔尼亚"号的母港英国利物浦）外展出。每年的 5 月 7 日，也就是"卢西塔尼亚"号沉没的纪念日，利物浦都会举行纪念活动。

1906 年下水时，"卢西塔尼亚"号是当时世界上最大的海上船只，同时它的速度也非常快：它第二次航行到美国时，就打破了蓝飘带奖（一个授予最快横渡大西洋船舶的奖项）的纪录。在被德国潜艇击中沉入海底之前，"卢西塔尼亚"号总共横渡大西洋 200 多次。

1915 年，"卢西塔尼亚"号从美国纽约返航，当驶近爱尔兰海岸时，甲板上的一些乘客看到一艘德国潜艇的潜望塔就在右舷几百米处。一些人甚至声称看到了 U 型潜艇"UB-20"号发射的鱼雷，当时鱼雷正向"卢西塔尼亚"号冲来。鱼雷击中了"卢西塔尼亚"号，正好击中了舰桥的下方。全船的人都跑上了甲板。菲比·艾默里太太当时在二等舱的餐厅里，回想起当时她挤过拥挤和恐惧的人群，但是人群将通往上层甲板的楼梯堵住了：

⊙ 图为"卢西塔尼亚"号上的一个螺旋桨。

听到有人大喊"我们被鱼雷击中了",我立即意识到我们完蛋了。当我奋力爬上楼梯时,我曾三次摔倒在地上。在靠近楼梯顶端的地方,有一名高级船员在喊"保持冷静",他的话似乎达到了预期的效果。

艾默里太太感觉似乎花了好几个小时才到达甲板,然后呼吸到新鲜空气,但是实际上只需要几分钟就可以。到了那里,发现甲板已经严重倾斜了,这表明船的处境很危险,而且她担心自己会从船上滑到海里。船发生了倾斜,这阻碍了救生艇的下水,因为救生艇要么离甲板很远,够不着,从而无法放入水中;要么在船上摇摆,很难将它放入水里。

妇女和儿童的尖叫声听起来令人害怕。妻子们被从丈夫身边拽开,送上了救生艇。在拥挤不堪的人群中,孩子们与父母走散了,被送到救生艇上。女人们昏倒在甲板上,最后在自己体重的带动下,落入海中。

就在艾默里太太几乎要放弃寻找救生衣的时候,一个年轻人勇敢地脱下自己的救生衣,递给了艾默里太太。他帮艾默里太太穿好救生衣,还帮她调整了一下。虽然"卢西塔尼亚"号有几艘救生艇成功下水,但是大多数救生艇无法下水;而且,由于"卢西塔尼亚"号发生了倾斜,这些无法下水的救生艇中,有一些在下水过程中将乘客倒入茫茫大海之中,而更为悲惨的是,在"卢西塔尼亚"号下沉时,有些救生艇虽然满载乘客了,却仍然被绑在船上,无法下水,从而随着"卢西塔尼亚"号一起沉入海底。

结果是,艾默里太太独自一人漂浮在海上,多亏救生衣救了她一命,最终她被一艘超载的救生艇救下。尸体从他们身边漂过,有男人的、女人的,还有孩子的,"看着孩子们的尸体,啊,这么小的孩子,漂在大海上,真是太可怕了"。此次沉船事故造成大约1200名乘客和船员丧生。然而令人惊讶的是,尽管这艘船在短短18分钟内就沉没了,但是仍有764人获救并幸存下来。令人遗憾的是,脱下救生衣救了艾默里太太一命的那个年轻人,却不在幸存者之列。

⊙ "卢西塔尼亚"号在海上。

69

"卢西塔尼亚"号纪念章

豪华客轮沉没后，德国却对这场灾难展开了一场宣传战。

在"卢西塔尼亚"号沉没之后，一场别开生面的"战中战"开始了：一场宣传战。德国辩称，"卢西塔尼亚"号是一个合法的攻击目标，声称船上携带了军火，并且还声称船主丘纳德公司和英国政府均知道这艘船将进入战区。事实上，德国甚至在美国报纸上发出警告，敦促乘客们不要登上"卢西塔尼亚"号。然而，世界上其他国家，甚至是中立国，都对"卢西塔尼亚"号被德国潜艇击沉感到震惊。

德国公民卡尔·戈茨的举动，并没有挽回德国的国际声誉。卡尔·戈茨制作了一款"卢西塔尼亚"号纪念章，供私下售卖。纪念章正面呈现的是这艘船正在沉没，船里面塞满了战争所需的非法枪炮，并且印有警告性的文字说明"不得有违禁品！"。下面的文字内容是："1915 年 5 月 5 日，大型蒸汽船'卢西塔尼亚'号被德国潜艇击沉"。

背面画的是一具骷髅（死神的化身），正在丘纳德公司的售票亭中向乘客出售船票。其中一名乘客手里拿着一份报纸，报纸上发出警告，说有德国潜艇会攻击"卢西塔尼亚"号。在这个场景上方的文字是"商业高于一切"。

戈茨制作纪念章的目的，是污蔑英国人利用"卢西塔尼亚"号运输军火，并且讽刺丘纳德公司，在德国警告所有英国船只都是攻击目标后，仍然出售船票以赚钱。然而，一枚戈茨纪念章被送往英国，在那里进行仿制并出售，作为德国美化暴行的例证。装着纪念章仿制品的盒子上写着："这揭露了军阀们竭力煽动战争的本来面目，并且铁证如山地表明：这种煽动战争的罪行不仅受到了赞许，而且得到了鼓励。"在纪念章上，戈茨写错了"卢西塔尼亚"号的沉没日期，戈茨写的是 5 月 5 日而不是 5 月 7 日。人们更加愤怒了，因为这让人觉得，德国事先就策划好了对"卢西塔尼亚"号的袭击。德国人发出警告，U型潜艇会对英国所有船只进行攻击，这被认为是在寻求"提出这样一种理论，即如果一名杀人犯向他的受害者发出了杀人意图的警告，则犯罪的责任将在于受害者，而不是凶手"，人们当然不会接受这种纯属无稽之谈的悖论。

⊙ 图为卡尔·戈茨制作"'卢西塔尼亚'号纪念章"的正面（左）和背面（右）。

在世界范围内，德国彻底地输掉了对"卢西塔尼亚"号的宣传战，尤其是在美国，因为许多美国公民在"卢西塔尼亚"号沉船中丧生了。

时至今日，对"卢西塔尼亚"号的攻击，仍然是一个颇具争议的话题。一些人认为，这艘船因为携带军火而成为攻击目标；还有一种说法是，英国故意设计这艘船成为德国潜艇的攻击目标，以挑动美国参战。"卢西塔尼亚"号沉没是德国犯下的一系列战争暴行之一，这些暴行最终促使了美国对德国作战，事情的真相或许是这样，但美国参战是在"卢西塔尼亚"号沉没两年之后的事情了。

⊙ "卢西塔尼亚"号上的一些乘客说，就在袭击发生前，他们看到了德国的 U 型潜艇。

70

一枚丧子徽章

在 1916 年的日德兰海战中，威廉·阿伯特的战舰连同所有船员一起沉入海中。

1886 年，乔治·阿伯特和玛莎·阿伯特十分欣喜地迎来了他们儿子威廉的诞生，但不幸的是，玛莎在四年后突然去世了。威廉还是个小男孩的时候，就在英国多塞特的家中帮助父亲乔治编织麻绳了，但这并不是他想要从事的工作，他的志向并不在此。威廉在家附近的养猪场打了几个月的工，在 16 岁时，他决定离开家，加入了英国皇家海军。

1914 年，第一次世界大战爆发时，威廉已经有 8 年多的船员经验，同年 4 月，他成了英国皇家海军装甲巡洋舰"黑王子"号上的一员，1916 年，该舰隶属于英国皇家海军大名鼎鼎的联合舰队。

英国人预料，联合舰队迟早会与德国公海舰队相遇，然后英国人还会像一个世纪前纳尔逊在西班牙特拉法加角外海取得的辉煌战绩一样，彻底摧毁和击败德国人。然而，当两支舰队在日德兰海战中交战时，情况却并非如英国人预料的那样。这场海战从 5 月 31 日开始，分三个阶段进行，历时两天，但是最终并没有分出胜负。英国舰队和德国舰队都退出了战斗，而双方却都宣称自己取得了胜利。

的确，日德兰海战结束后，英国人取得了战术优势——他们迫使德国舰队退回了自己的德国母港，并且可以继续维持对德国海上物资运输的封锁，这对英国赢得战争起到了至关重要的作用。然而，这看上去并不像是英国人的一场胜利：英国损失了 14 艘战舰，德国损失了 11 艘，而且英国的

⊙ **图为纪念威廉·阿伯特的徽章。**

阵亡人数是德国的两倍之多（英国为 6784 人，德国为 3039 人）。

乔治的儿子威廉是阵亡士兵之一。英国皇家海军巡洋舰"黑王子"号隶属于第一巡洋舰中队，接受派遣航行在主力舰队的前面，却与该中队失去了联系。当天晚上，"黑王子"号继续寻找巡洋舰中队的其他战舰，但是在黑暗中，它不小心闯入了德国舰队之中。船长意识到自己犯了错误，立即调转船头，但为时已晚。这艘倒霉的英国战舰被敌人的探照灯照亮，多艘德国战舰近距离向它开火。结局不难想象，"黑王子"号因严重受损而沉没，在沉没前就已经起火甚至爆炸了。舰上 857 人全部遇难。

从战争开始的那天起，威廉的父亲，就像所有为英国而战的年轻人的父母一样，每天都害怕邮差的到来。6 月的一个早晨，他极不情愿地打开了信箱，里面塞着海军部寄来的一个小信封，上面写道："职责所在，我痛苦地通知您……对此深表遗憾……在没有相反证据的情况下，海军部认为您的儿子已经阵亡了。"

乔治承受着白发人送黑发人的无比痛苦。因为他的儿子躺在北海海底的某个地方，所以没有尸体可以带回家，没有最后的告别、葬礼和坟墓。

由于儿子的墓没有墓碑，所以乔治为他儿子建立了一个纪念碑。约翰·布尔公司出售一款由红白蓝三色珐琅制成的空白爱国徽章，可以用来刻上文字纪念所爱之人。威廉的父亲选择了下面这些文字："纪念我唯一的亲爱的儿子，威廉·阿伯特，英国皇家海军舰艇'黑王子'号，1916 年 5 月 31 日。"威廉阵亡时，只有 29 岁。

⊙ 当时的明信片吹嘘在日德兰海战击沉一艘德国战舰，但是这场海战并没有像英国人预期的那样取得了决定性胜利。

71

基钦纳勋爵悼念卡

战时沉船海难中，名气最大的遇难者。

⊙ 基钦纳勋爵的著名募兵海报画面——
《伦敦意见："你的国家需要你"》

英国皇家海军未能在日德兰海战中取得决定性胜利，仅仅五天之后，就传来了更为令人悲伤的消息。1916年6月5日，英国皇家海军战舰"汉普郡"号沉没，英国战争大臣基钦纳勋爵溺水身亡。一共有700多人和他一起溺亡，只有12名船员幸存下来。

无论在政界还是军界，基钦纳均是一位颇具争议的人物。虽然国王称他为"珍贵的老朋友"，但是有些人认为他脾气暴躁，控制欲强，难以相处。然而，对于英国来说，他是反抗精神的化身。在整个第一次世界大战的募兵海报中，最具标志性的画面是：他伸出手指，目光如钢铁般坚毅，要求你为战争出力。由于他在英国广受赞誉，被誉为最伟大的士兵，因此基钦纳在海上丧生，令英国全国上下难以置信，陷入震惊之中。同时，对士气也是一个重大的打击，有人甚至说，这是他们士气最低落的时刻。

当时，基钦纳准备率领一个代表团前往俄国，向沙皇重申英国的支持，并且讨论军事战术和武器供应。在他乘坐的"汉普郡"号离开英国斯卡帕湾后，9级大风突然改变了方向，迫使这艘军舰在奥克尼岛附近进入了尚未排雷的水域。触雷后，军舰的船头立即开始下沉，而且暴风雨使得救生艇无法下水：救生艇要么撞到船舷上，要么被掀翻。不到15分钟，强大无比的"汉普郡"号就消失在海浪之中，基钦纳也跟着消失了。

In Loving and Affectionate Remembrance of

Lord Kitchener,

THE EMPIRE'S GREATEST SOLDIER.

Who was Drowned at Sea, June 5th, 1916.

AGED 65 YEARS.

Death, unexpectedly, at times doth call
The rich, the poor, alike to fall;
My end, I hope, will be your gain,
To crush inventors of the slain.

With honesty of purpose, to make our burdens light,
Without fear or affection he soon put matters right;
We wish he had been spared to complete his plans began,
We've lost our greatest soldier, a soldier and a man.   R.I.P

COPYRIGHT.   ECONOMIC SERIES.

⊙ **图为基钦纳勋爵悼念卡。**

"汉普郡"号沉没后，最初有数百人还在水里。许多人都已经穿上了救生衣，并且有三艘橡皮艇已经成功下水，每艘橡皮艇上都有 50 ~ 90 人。然而，天气非常寒冷，幸存者说，由于疲惫和寒冷，人们一个接一个地死亡。一等水兵查尔斯·罗杰森是一名幸存者，他后来接受了采访：

我是乘坐一艘橡皮艇逃了出来，我们在水里度过了可怕的五个小时。风浪实在是太大了，海水拍打在我们身上，许多人就是被海浪拍死的。还有许多人死于可怕的寒冷之中。我冻得完全麻木了。一种几乎压倒一切的想睡觉的念头向我们袭来，为了克服想睡觉的念头，我们互相捶背，因为一旦睡着了，就再也不会醒来。橡皮艇中的人，当他们死去的时候，就好像他们要睡觉了一样。有一个人在橡皮艇上笔直站立了五个小时，他的周围都是死尸。还有一个人死在我的怀里。当我们靠近海岸时，情况变得更糟了。狂风正向岸边吹来，形成的滔天巨浪，以无与伦比的力量将我们的橡皮艇拍打在礁石上。许多人就是这样丧生的，而且有一个橡皮艇被掀翻了三次。我都不知道我到底是怎么上岸的。我已经完全失去知觉。

⊙ 查尔斯·罗杰森（左）和威廉·卡什曼（右）是英国皇家海军舰艇"汉普郡"号的两名幸存者。

即使上了岸，也无法保证一定能活下来：人们发现许多尸体的指甲都被扯掉了，这是因为他们在波涛汹涌的大海中不顾一切地试图抓住礁石。对于本已悲痛欲绝的亲属来说，看到这一幕，更为痛苦难耐，就像是在伤口上撒把盐一样难受。

罗杰森是最后一个见到战争大臣基钦纳的幸存者："基钦纳勋爵和船一起沉没了，他没有离开那艘船。"据说，在船下沉时，基钦纳勋爵站在后甲板上平静地与军官们交谈，传统上，人们对一名英雄人物都怀有这样一种期待：临危不乱，镇定自如。基钦纳勋爵的尸体一直没有找到。

72

被俘敌舰的纪念品

水雷是造成船只失事的一个重要原因。

在第一次世界大战中，绝大部分的英国船只都是由德国 U 型潜艇的鱼雷和甲板炮击沉的，但约有 260 艘船是被德国水雷击沉的。德国水雷的最出名受害者，当属基钦纳勋爵了，而且这些水雷是不分青红皂白地进行无差别攻击的，它不仅击沉了运送战争物资的军舰和商船，还击沉了渔船和医院船。

战争开始时，英国人和德国人在许多海上航道布设了水雷。例如，在通往德国港口的航道上，英国人布设了水雷，阻止德国人通过海上运输物资。这些"固定装置"的位置，通常双方都知道，水雷的布设不是特别精确，但仅仅一枚水雷就可以击沉一艘大船。1915 年，在达达尼尔海峡战役中，英国皇家海军战列舰"不可抗拒"号被一枚水雷击沉，虽然许多船员获救，但是仍有约 150 人丧生。

在 U 型潜艇开始布设水雷时，水雷的位置就难以预测了，这让许多英国船只措手不及。因为在一夜之间，U 型潜艇可能会在前一天还没有水雷的地方布下一连串新的水雷。

1916 年，英国缴获了 U 型潜艇"UC–5"号布雷艇。这是一次重大的转折，因为"UC–5"号布雷艇摧毁了大量的盟军船只。特别是 1915 年，"UC–5"号布雷艇布设的一枚水雷，曾导致英国皇家海军医院船"安格利亚"号沉没，造成 129 名士兵和船员受伤或身亡。同时，"UC–5"号布雷艇被俘的情况表明，U 型潜艇并非绝对可靠。"UC–5"号布雷艇的指挥官乌尔里希·莫尔巴特指挥布雷艇，前往"洗船"号（位于英国哈里奇海岸附近的一艘灯标船）附近布设水雷。然而，令人难堪的是，莫尔巴特竟然让"UC–5"号布雷艇搁浅了。他被迫弃船，并安放炸药准备炸毁"UC–5"号布雷艇，但是炸药没有爆炸。

"UC–5"号布雷艇被打捞上来，并且在泰晤士河上展出，成千上万的人特意花钱过来参观，参观的门票也不贵。这是一种非常好的宣传。展览和纪念品

⊙ 图为 U 型潜艇"UC-5"号布设水雷的明信片。

⊙ 图为蒸汽船"敏捷"号的船员。1917 年 9 月，这艘货船在奥克尼岛附近被"UC-40"号布设的一枚水雷击沉。

（如这张明信片）向公众表明，英国了解了德国的潜艇技术，并且能够超越德国的潜艇技术，尽管这需要很大的运气成分。此外，它还使人联想到敌人的狡猾本性：以一种可以被称为阴险或"不公平"的方式，通过放置水下炸弹来摧毁毫无防备的英国船只。

这张"UC-5"号布雷艇的纵剖面图，显示了水雷在水雷管中是如何储存的，在需要之时，通过水雷管从 U 型潜艇的底部释放，从而布设到水中。

73

一艘正在下沉的医院船的航拍照片

一些 U 型潜艇指挥官认为，像"格洛斯特城堡"号这样的医院船，属于正常的攻击目标。

这张十分模糊但是引人注目的战时照片，是由英国情报部发布给媒体的，并且配上了这样的说明文字："医院船上的战争。不是说想要德国攻击英国红十字会船只的证据吗，看这里，相机提供了证据。"

1917 年 3 月，在英国怀特岛附近，"格洛斯特城堡"号被德国 U 型潜艇"UB–32"号发射的鱼雷击中。幸运的是，虽然被鱼雷击中了，但是船员和伤员基本都获救了，只有 3 人丧生。"格洛斯特城堡"号并没有彻底沉没，两周后被打捞上来，拖回港口进行维修。

然而，在第一次世界大战期间，有 8 艘英国医院船被 U 型潜艇发射鱼雷蓄意袭击，另有 5 艘因 U 型潜艇布下的水雷而沉没。战争期间，英国只击沉了一艘德国"医院船"，即蒸汽船"塔博拉"号，但几乎可以肯定的是这艘

⊙ 图为被鱼雷击中的"格洛斯特城堡"号医院船。

伪装成医院船的船，实际上是一艘军用物资运输船。获准检查这艘德国船的英国皇家海军外科医生，发现船上只有一个病人，而且这名病人竟然还穿着长裤！

英国的医院船被命名为 HMHS（英国皇家医院船），根据国际公约，这些船不得配备武器，在船体上必须喷上白色背景的红色十字，而且在晚上需要保持灯火通明。医院船禁止运送军用物资或现役部队，并且允许接受敌人的检查。德国蓄意攻击医院船的行为，违反了国际法，在英国引起了公愤。在无限制潜艇战期间，虽然不是所有的 U 型潜艇指挥官都将任何英国船只视为正常的攻击目标，但是德国军方竭力主张他们这样做。

最为臭名昭著的例证，是 1918 年英国皇家医院船"格兰纳特城堡"号的沉没。"格兰纳特城堡"号已经被清楚地标记为一艘医院船，晚上灯火通明，但是指挥 U 型潜艇"UC-56"号的威廉·凯斯维特还是瞄上了这艘船，并且在布里斯托尔海峡用一枚鱼雷将它击沉。袭击发生时，船上大多数人都在睡梦之中。更为糟糕的是，爆炸摧毁了许多的救生艇。此时大海上波涛汹涌，"格兰纳特城堡"号迅速沉没，因此造成了大量人员丧生。沉船事件的死亡人数约为 160 人，包括船长、8 名护士、47 名卫生员和 99 名病人。此外，遇难的还有船上的护士长凯蒂·比弗伊。

至少发现有一名遇难者漂浮在水面上，而且身上有枪伤，这表明凯斯维特在最初的袭击之后，曾试图杀死幸存者，以掩盖罪行。1918 年，英国曾试图以战争罪追究其责任，但在扣押后，又根据停战条款被迫释放了他。

⊙ 2002 年，"格洛斯特城堡"号遇难者纪念碑在哈特兰角落成。

74

军官和学员在最后一次航行前的图像

> "迪伊"号的船员们，似乎是命中注定要把他们的船送到德国军舰"沃尔夫"号的嘴里。

这张照片中，64岁的"迪伊"号船长杰克·鲁格站在后排中央，戴着一顶平底便帽。其他人是他的手下：大副让·马顿坐在中间排左起第三位，坐在甲板上的是两名见习军官（学员）。

在20世纪10年代，像"迪伊"号这样的三桅帆船在海上商业运营中，仍然扮演着重要的角色，因为它们的运营费用比蒸汽船更为便宜。由于帆船需要的船员数量更少，而且不需要燃料，所以可以长途运输那些不易腐烂的货物，费用低廉，但帆船的载货量比较有限。例如，经常使用帆船把羊毛从澳大利亚运到英国。这种贸易角色意味着，在第一次世界大战中，帆船仍然被德国人视为合法的攻击目标，正如鲁格船长后来发现的那样。

在第一次世界大战中，虽然大部分英国舰船是被德国U型潜艇击沉的，但是U型潜艇并不是唯一的威胁。更厉害的是德国的装甲巡洋舰，虽然它们数量不多，却可以非常成功地捕获或摧毁大量商船。由于这些装甲巡洋舰上没有身份标记，所以这些单独的袭击者，被称为突击者。它们经常伪装成商船，直到最后一刻才暴露出真实身份，而此时它们的"猎物"已经来不及逃跑了。

德国海军战舰"沃尔

⊙ 图为"迪伊"号的部分船员合影。

夫"号，就是这样一名突击者。1916 年，为了躲避英国皇家海军的巡逻，"沃尔夫"号从德国基尔港偷偷溜出来。在指挥官卡尔·奥古斯特·内格尔的指挥下，"沃尔夫"号游弋在非洲、印度和澳大利亚之间，持续时间长达 451 天，等待摧毁英国和盟军的商船。

1917 年 3 月 30 日，在澳大利亚卢因角附近 400 英里（约 644 千米，编者注）处，内格尔发现了"迪伊"号，绕到其前方，命令"迪伊"号停下。鲁格船长别无选择，只能停下。因为"迪伊"号这艘老帆船建造于 1885 年，所以，相较而言，"沃尔夫"号比"迪伊"号要强大得多。内格尔本可以直接摧毁这艘没有武装的船及其船员。然而，他的策略却是捕获船只，掠夺货物和燃料，并且俘虏船员。"迪伊"号的 19 名水手和高级船员被押上了"沃尔夫"号，不久之后，鲁格船长惊恐地看着自己心爱的船成为"沃尔夫"号炮手们的练习靶子。当"迪伊"号在他眼前被击沉时，鲁格船长落泪了。

接下来返回德国的旅程，可谓漫漫长途、荆棘遍布且危机四伏。囚犯和德国船员，都不确定他们这艘没有身份标记的船，会不会成为德国 U 型潜艇或英国人的攻击目标。最终，在 1918 年，"沃尔夫"号回到了德国，在那里，凯旋的内格尔，被德国皇亲自授予了德国的最高勋章。内格尔袭击了 37 艘商船，他移交了船上的 467 名俘虏。来自"迪伊"号的船员，被分

⊙ 图为卡尔·内格尔，"沃尔夫"号指挥官。

配在五个不同的战俘营。令人欣慰的是，尽管已经 65 岁了，但是鲁格船长还是在战争中活了下来，最后回到了英国。

75

在泽布吕赫失事的三艘船的侦察照片

1918年，为了挫败敌人的U型潜艇，英国船只故意失事。

并非所有的船只失事，都是无意的。例如，为了建造防波堤或者充当人工礁，都有可能让船只故意失事。战时，为了防止船只落入敌人之手，可能会将它凿沉。这就是1696年英国皇家海军军舰"蓝宝石"号的命运：它被困在纽芬兰的一个港口，船长宁可让船沉没，也不让法国人得到它。

但在1918年，当英国人计划在比利时泽布吕赫港沉船时，他们却有截然不同的目的。布鲁日的德国U型潜艇基地位于内陆地区，所以泽布吕赫港成为该U型潜艇基地的通道和入口。英国人制订了一项突袭计划，将三艘老旧

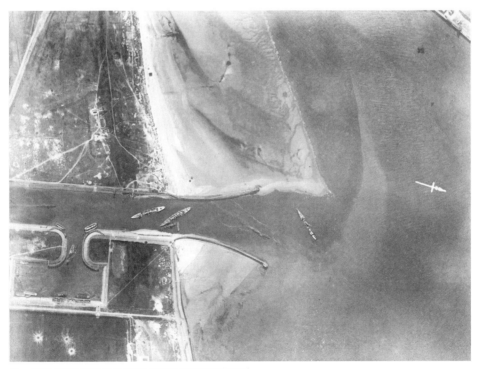

⊙　图为泽布吕赫港失事的三艘军舰的侦察照片。

的英国军舰"无畏"号、"依菲琴尼亚"号和"忒提斯"号沉没在德国潜艇通行的狭窄水道中，以阻止德国潜艇进入泽布吕赫港。这三艘巡洋舰里面填满了混凝土，击沉后就会迅速下沉，而且一旦沉到海底，就很难再被移动。

船上的人都自告奋勇地参加一项最初未指明具体内容的"特殊任务"。在1918年4月23日最终完成前，对泽布吕赫的突袭，已经计划了多次。这项计划的成功与否，取决于众多有利因素是否具备，尤其是天气。

英国人从未打算让这三艘老旧的巡洋舰单独行动，不然它们会成为德国人的活靶子。一次突袭的对象安排在泽布吕赫附近的防波堤或堤道，由英国皇家海军军舰"复仇"号主导，同时另一次突袭的对象安排在邻近的奥斯坦德港，以阻塞在那里U型潜艇使用的水道。对防波堤的攻击失败了，因为风吹散了用来隐藏"复仇"号的烟幕，而登陆去摧毁德国大炮的水兵和海军陆战队员伤亡惨重，无法完成他们的全部任务。因此，当"无畏"号、"依菲琴尼亚"号和"忒提斯"号靠近防波堤时，德国人几乎可以集中全部火力攻击它们。

尽管受到如此猛烈火力的打击，但是这三艘巡洋舰还是在相对接近预定位置的地方被凿沉，不得不为参与此次行动的所有人员，记上一大功。然而，"忒提斯"号由于遇到了障碍物，甚至还没有驶到河道的入口处，就被德国人击沉了。其余两艘，虽然在河道内的预期位置附近沉没，但是并没有准确沉没在预期的位置处。对附

⊙ 泽布吕赫突袭的四名幸存者，尽管受伤，但他们仍对着镜头微笑。

近奥斯坦德港的突袭彻底失败了，没有实现阻塞德国潜艇水道的目的，甚至都没有驶到预期的目标位置。

当时泽布吕赫突袭被称为英国的一次重大胜利，但是实际上算不上一次成功的突袭。因为几天之后，德国人在"无畏"号和"依菲琴尼亚"号残骸周围挖出了一条新的深水通道。尽管如此，这次突袭至少表现出英国人十分勇敢，因此，不少于8人获得了维多利亚十字勋章。

76

英国商船队的鱼雷袖口徽章

海难幸存者的荣誉徽章。

在第一次世界大战中，虽然许多商船队的船员被 U 型潜艇夺去了生命，但幸运的是，也有很多船员在他们的船沉没之前，想方设法成功逃生了。1918年，英国政府推出了一种方法，表彰在商船沉没中幸存下来的船员。具体做法是，允许幸存者佩戴一枚金色鱼雷臂章，该金色鱼雷臂章缝在外套左袖口上。以后，每一次在攻击中幸存下来，都会加上一道杠。这些勇敢的象征，相当于授予西线士兵的伤口徽章。

沃尔特·索普就是一个例子，他是一名有着非凡经历的年轻人：第一次世界大战结束时，他已经先后三次在攻击中幸存下来。1914 年 6 月，就在第一次世界大战爆发之前，他加入了商船队，并且接受了"马可尼人"（详见第59 章）的训练。沃尔特的工作责任，是在船上操作莫尔斯电码设备。在无线电尚未出现的时代，莫尔斯电码是发送和接收信息的重要方式，尤其是当船要沉没时，可以用莫尔斯电码呼救。

1917 年 5 月 21 日，沃尔特第一次与死神擦肩而过，当时他在蒸汽船"科林斯城"号上。这艘船几乎完成了从英国伦敦到新加坡的往返航行，在康沃尔

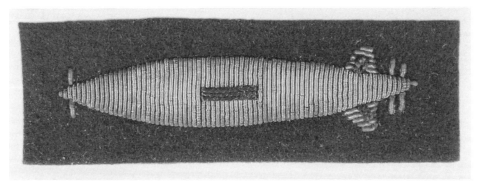

⊙　图为鱼雷袖口徽章。

地区遭到了袭击。U型潜艇"UB-31"号用一枚鱼雷就击沉了"科林斯城"号，但幸运的是，由于"科林斯城"号下沉得很慢，所以没有造成人员伤亡。沃尔特长时间坐在自己的工位上，不停地发出SOS求救信号，突然，他意识到自己是孤身一人了。他涉水回到自己的客舱，去救他的宠物金丝雀（养在木笼子里面），然后他们一起弃船。他们一起在海上漂浮的过程中，每当沃尔特迷迷糊糊地想睡觉时，是金丝雀的歌声让他保持清醒。睡意袭来，是即将体温过低的一个迹象。

在下一艘船，即蒸汽船"剑桥城"号上，沃尔特再次遭到了袭击，这一次是在非洲海岸阿尔及尔附近遭到袭击。U型潜艇"UC-67"号发射了鱼雷，击中了"剑桥城"号，幸运的是，这次仍然有时间弃船，同样没有造成人员伤亡。这次虽然金丝雀没有陪伴在他身旁，但是漂浮在海面上的幸存者，始终担心鲨鱼的出现，这足够令他们保持清醒了。

1918年9月，沃尔特遭遇第三次也是最后一次沉船事故，是在蒸汽船"美莎巴"号上。这一次遇到的事情更加可怕。从英国利物浦出发前往美国费城大约一天后，在爱尔兰海，"美莎巴"号被U型潜艇"UB-118"号发射的一枚鱼雷击沉。由于这一次鱼雷是直接命中，所以"美莎巴"号沉没得非常快，导致与沃尔特同船的20名船员，不是死在最初的爆炸之中，就是在船迅速滑入海浪之中时溺水身亡。

此后，在第一次世界大战期间，沃尔特再没有出海。在第一次世界大战期间，他在三次沉船海难中幸存下来，虽然不是独一无二的，但这绝对是极其罕见的。想象一下，当时大约有5000艘商船沉没，那么对于任何商船队的船员而言，在夜间的大海之上，他们还能始终安稳地睡在铺位上，这绝对可以称得上是一个奇迹了。

⊙ 沃尔特·索普（右一）向同事们展示他那带有两条杠的鱼雷袖口徽章。

77

在斯卡帕湾被凿沉的德国军舰的明信片

历史上最大的一次军舰损失，发生在第一次世界大战之后。

第一次世界大战结束了，战斗都停止了，德国海军的战舰接到命令，去苏格兰东海岸集结。从那里，他们被押送到位于奥克尼岛斯卡帕湾的受保护系泊处，而和平谈判则在法国巴黎继续进行。和平谈判的内容之一，就是决定这些军舰的最终命运。虽然英国和美国希望摧毁这些德国军舰，但是其他战胜国希望瓜分它们。最终有 74 艘德国军舰被扣押和没收，其中包括 16 艘战列舰和战列巡洋舰，这可是德国公海舰队的精华所在。

在和平谈判期间，除公务外，英国皇家海军不许登上这些德国军舰，因为它们仍然是德国政府的资产。编制大幅缩减的德国军官和水兵留在军舰上，名义上他们控制着这些船只，但是他们不许上岸，所以船上的条件，很快就变得脏乱不堪并令人感到恶心了。

德国方面，出席会议的最高级别海军军官，是上将汉斯·赫尔曼·路德维希·冯·罗伊特。他感到自己被孤立了，因为他的政府（指德国政府）不与他沟通，并且很快确信他的德国舰队将任人宰割。在他看来，任人宰割是一种可耻的行径，所以他决定不能让这种事情发生。但是，德国舰队周围，驻扎有大量的英国皇家海军，所以罗伊特需要等待时机毁掉德国军舰。

海军上将罗伊特给每艘战舰的指挥官写信，命令所有人准备炸沉自己的战舰，等他的信号行动。1919 年 6 月 21 日，英国皇家海军进行军事演习，因此很多军舰开出了斯卡帕湾。罗伊特久等的机会来了。通过旗帜和灯光，他从"埃姆登"号上发出了信号，而他的军官们准备几周时间了，他们打开了通海旋塞，这样海水从甲板下面涌了进来。

虽然整个舰队分散在斯卡帕湾的一大片区域内，须花一些时间才能将毁船的消息传到整个舰队，但是德国军舰还是开始一艘接一艘地消失在海浪之中。德国军舰的船员乘坐开敞式救生艇离开军舰，进行弃船。海军基地内的英国军事人员见此情景，变得慌乱不堪，起初他们甚至不知道该做什么。此事件中，还发生了一些令人遗憾的事情，即手无寸铁的德国船员离开他们的军舰时，遭到了射击，因为英国人认为德国船员做出了属于敌对行为的举动。9人被射杀，这是在最终和平协议签署前，德国遭受的最后战争伤亡。

⊙　图为倾覆的德国战舰。

⊙　图为正在下沉的德国战舰。

英国皇家海军人员鼓足了勇气，迅速地冲向一些正在下沉的军舰，并且想方设法将它们拖到浅滩上，然后再拖上岸。就这样，英国皇家海军拯救了德国海军战舰"巴登"号战列舰以及其他 21 艘军舰。但令人震惊的是，一共有52 艘军舰已经沉没了。

英国人大为恼火，将罗伊特关押了起来，但在 1920 年初，英国人不得不释放了罗伊特。在德国，人们觉得，在德国舰队没放一枪一弹、被迫任人宰割的情况下，罗伊特的做法算是为德国挽回了一丝颜面。在随后的几年中，事件中沉没的许多德国军舰被重新浮起，并且作为废料打捞了上来。

⊙　德国船员弃船，登上救生艇。

78

塞西尔·福斯特的畅销书

> 1923 年，一名船长讲述了蒸汽船"特雷维萨"号的失事，这是当年最热门的新闻事件。

蒸汽船"特雷维萨"号失事后，船员们能够幸存下来，是一个非凡的传奇故事，展现了船员们在海上的惊人耐力。其船长出版的《开敞式救生艇里的1700 英里》（1 英里 ≈ 1.6 千米，编者注）一书，因叙述了该事件而畅销。

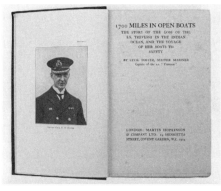

⊙　图为《开敞式救生艇里的 1700 英里》。

1923 年 5 月，"特雷维萨"号载着一船浓缩锌矿石，离开了澳大利亚弗里曼特尔。6 月 3 日，"特雷维萨"号遇到了风暴，船内开始进水。船上的水泵几乎起不了什么作用了，因为进入货舱的水与货物混合在一起，形成了泥浆，水泵无法抽取。随着水位的上升，"特雷维萨"号的船头开始下沉，6 月 4 日，塞西尔·福斯特船长别无选择，只能在茫茫大海中弃船而去。船上 44 名船员，都平静地登上两艘小救生艇离开了"特雷维萨"号，并且成功躲过了 30 英尺（约 9 米，编者注）高的海浪和时速 50 英里（约 80.5 千米，编者注）的大风。

在第一次世界大战中，福斯特船长曾被鱼雷击中，然后乘坐一艘开敞式救生艇在海上漂流了 10 天，最后获救。这意味着，他非常清楚，沉船后在海上维持生命和士气是一件非常困难的事情。当时他和大副詹姆斯·史密斯商量之后，决定前往 1728 英里（约 2781 千米，编者注）外的罗德里格斯岛，他们用六分仪和指南针来辨别方向。福斯特粗略计算了一下，如果他们想要到达罗德里格斯岛，则他们的口粮配给将不得不维持在一个很低的水平：每人每天只允许吃一块饼干，喝八茶匙的浓缩乳和三汤匙的水。偶尔能遇到一场雨，对他们来说都是一件欢天喜地的事情。

虽然最初两艘救生艇在一起，但是很快就分开了：一艘由福斯特指挥，另一艘由史密斯指挥。只要天气情况允许，他们就使用帆航行，但是有时船员们也不得不划船前进。福斯特的救生艇还漏水了，所以不得不将水舀出去。最终，6月26日，福斯特的救生艇到达了罗德里格斯岛，仅有两名船员丧生。虽然史密斯的救生艇错过了罗德里格斯岛，但是三天之后（即6月29日）到达了毛里求斯岛。令人遗憾的是，史密斯救生艇上的船员，就没那么幸运了：一名船员落水身亡；七人死于暴晒、疲劳或饮用海水；还有一名船员在抵达毛里求斯后不久死掉了。然而，令人欣喜的是，尽管如此，还是有33名来自"特雷维萨"号的船员幸存了下来。

"特雷维萨"号发出了SOS求救信号，但是闻讯赶去救援的船只却没有发现任何幸存者，因此认为船上的所有人都丧生了。船员的意外生还，对他们的家人来说是一个巨大的宽慰。

塞西尔·福斯特和詹姆斯·史密斯，因作为海员和领导者表现出来的出色能力而广受赞誉。他们受到了媒体的采访，相关的海上生还经历被制成新闻片，他们还被授予"劳埃德海上救生奖章"，甚至被邀请到白金汉宫觐见英国国王乔治五世。1924～1925年，在温布利举行的大英帝国展览会上，福斯特的救生艇是最具吸引力的明星展品。

不幸的是，他们在逆境中表现出来的不可思议的耐力，可能也给福斯特

⊙ 在毛里求斯的一场感恩仪式后，所有幸存者合影留念。

船长的身体造成了严重的不良影响。几年后，即 1930 年，福斯特船长便去世了，年仅 43 岁。

⊙ 福斯特及其妻子米妮和大副詹姆斯·史密斯，在觐见英国国王乔治五世后合影留念。

⊙ 福斯特船长指挥的救生艇，在大英帝国展览会上展出。

79

一艘船下沉时的甲板照片

由于多方面能力不足和忽视安全的操作，蒸汽船"维斯特里斯"号上111人丧生。

1928 年，11 月 10 日，"维斯特里斯"号从美国纽约启航前往巴巴多斯和阿根廷布宜诺斯艾利斯，船上载有 129 名乘客和 197 名船员。由于遇到了恶劣的天气，船开始倾侧，很快，就无法使船身保持平稳了。在很长一段时间后，船长威廉·凯里才最终下令发出 SOS 求救信号。乘客和船员们开始慌乱地登上救生艇，甲板发生了倾斜，此时，"维斯特里斯"号突然倾覆了。一艘刚刚下水的救生艇，被船上落下来的起重机砸坏，艇上所有人都遇难了。还有一艘救生艇，因超载而沉没了。

令人没有想到的是，幸存者中不仅有人，还有猫（或许受到船员的影响，猫也变得勇敢了），他们分散在不同的开敞式救生艇上，14 个小时后，被四艘不同的救援船只救起。救援船之所以花了这么长时间才赶到救援现场，是因为距离太远了，而且"维斯特里斯"号给出的位置是错误的，大约偏了 40 英里（约 64 千米，编者注）。共有 68 名乘客和 43 名船员遇难，其中包括船上全部13 名儿童和大部分女性，还有凯里船长。

起初，媒体被告知，一件货物在风暴中发生移动，冲破了甲板下的舱壁，造成"维斯特里斯"号倾斜。然而，实际上，当船离开纽约时，就一直处在不安全的航行状态之中：严重超载，且超过了船只的安全极限，所以船只早已经是在承受轻微倾斜的状态下航行，而且船员没有意识到并且处理好这个问题。此前，"维斯特里斯"号也因严重超载而受到警告。

从船上慢慢吞吞撤离，放下救生艇的操作又是混乱无序的，因此，无论是船上的高级船员还是普通船员，均受到人们的批评，认为他们无能并且不称职。此外，船上的救生衣，是一款多年前就已停产的老式救生衣。

这场灾难，促成于 1929 年制定了《国际海上人命安全公约》（SOLAS）。

⊙ "维斯特里斯"号遇险时，甲板上一片混乱。

该公约设定了救生衣的国际标准，并且改进了撤离程序。同时，在其他条款中还规定，客轮和大型货船必须携带无线电设备。"维斯特里斯"号下沉之时，6英里（约 9.7 千米，编者注）外就有另一艘船，但是两艘船都不知道对方的存在，因为"维斯特里斯"号上没有无线电。如果有无线电的话，其实船上的每

⊙　在命运多舛的"维斯特里斯"号上，乘客们穿着早就过时的救生衣。

一条生命本都是可以获救的。

令人吃惊的是，蒸汽船"凯尔特"号载着25名英国幸存者返回英国，当快到英国时，"凯尔特"号却在爱尔兰海岸附近沉没了，但无人丧生。

80

亚瑟·约翰·普利斯特的无名坟墓

令人难以置信的是，他竟然五次从沉船海难中死里逃生，于1937年去世。

虽然，英国南安普顿的霍利布鲁克公墓里，有许多座海员的坟墓，但是，也许没有哪座比亚瑟·约翰·普利斯特的更为引人注目了。

普利斯特在商船队工作。他第一次与死神擦肩而过，是在"泰坦尼克"号的姊妹船英国皇家邮轮"奥林匹克"号上，1911年，"奥林匹克"号与英国皇家海军军舰"霍克"号相撞。幸运的是，虽然"奥林匹克"号遭受了严重的损坏，但是它并没有沉没。第二年，25岁的普利斯特签约成了"泰坦尼克"号的一名锅炉工，月薪6英镑，这个岗位在海军中被称为司炉工。他可能认为自己很幸运能够找到一份工作，因为当时很多人都被解雇了。"泰坦尼克"号撞上冰山后，普利斯特跑向甲板。从船内部的引擎室到主甲板有很长一段距离，所以当他到达主甲板时，救生艇全部放到海里开走了。普利斯特别无选择，只能从船上跳下去，在大西洋冰冷的海水中游向救生艇。幸运的是，他被

⊙　图为亚瑟·约翰·普利斯特的坟墓。

一艘救生艇救起，活了下来。

第一次世界大战开始后，普利斯特作为商船队的锅炉工，也为战争贡献了自己的一分力量。1916年初，普利斯特登上了"阿尔坎塔拉"号，这是一艘由客轮改装的武装商船。"阿尔坎塔拉"号遭到了德国突击者（德国海军战舰"格雷夫"号）的袭击，在一场短暂而激烈的近距离战斗后，"阿尔坎塔拉"号和"格雷夫"号都沉到了海底。"阿尔坎塔拉"号有70多名船员丧生，但普利斯特又一次成为死里逃生的人之一。

他的第四次死里逃生发生在1916年11月，当时他在白星航运公司的另一艘客轮"不列颠尼克"号上，这艘船当时是一艘医院船。他在"不列颠尼克"号上并不寂寞，因为同为"泰坦尼克"号幸存者的维奥莱特·杰索普和阿奇·朱厄尔也在船上。"不列颠尼克"号医院船，在希腊海岸附近触雷沉没。许多人跳入水中，其中包括普利斯特，他被甩到仍在旋转的螺旋桨下面，用他自己的话说，他"与世界说再见了"。然而，奇迹再次发生，一大块木头救了他，使他避免被螺旋桨切成两半，然后他安全地浮上了水面。这一次，不仅普利斯特，而且奥莱特·杰索普和阿奇·朱厄尔同样再次死里逃生了。

他最后一次死里逃生发生在1917年，当时他在另一艘医院船"多尼戈尔"号上担任锅炉工。在英吉利海峡，一艘德国U型潜艇发射鱼雷击中了"多尼戈尔"号。包括受伤的士兵和船员在内的40人丧生，但是普利斯特再次成功脱身。不幸的是，他的同伴，即同为"泰坦尼克"号幸存者的阿奇·朱厄尔，这次却没能活下来。

虽然普利斯特赢得了"永不沉没的司炉工"的绰号，但是他曾经说过，人们拒绝和他一起工作，因为大家认为和普利斯特一起工作不吉利，会走霉运的。而这可能是他过早结束航海生涯的原因。1937年，普利斯特因患肺炎死于家中，年仅49岁。似乎有些令人唏嘘，在如此充满传奇色彩的非凡一生结束之际，却没有人为他立一座墓碑，以纪念这位英国最出名的海难幸存者之一。

81

乘客纪念徽章

蒸汽船"雅典娜"号，是第二次世界大战中第一艘被击沉的英国船只。

"雅典娜"号是一艘非常受欢迎的客轮，因为船上可以买到许多的纪念品，其中就有珐琅徽章。徽章上面绘有船主"唐纳森航运公司"的船头旗，船的名字则刻在船舵上。"雅典娜"号是一艘汽轮机蒸汽船，因此缩写为 T.S.S.。1939 年 9 月 1 日，该船离开英国格拉斯哥，开往最终目的地加拿大蒙特利尔。船上载有 1400 多人，其中包括犹太难民、为躲避战争而回家的美国和加拿大公民，以及大约 300 名船员。大约四分之三的乘客是妇女和儿童。

9 月 3 日，英国首相内维尔·张伯伦在广播中向全国发表讲话。上午 11 时后，他宣布"这个国家（指英国）与德国处于战争状态"。当天晚上 7 时 38 分，U 型潜艇"U-30"号在没有发出任何警告的情况下，向蒸汽船"雅典娜"

⊙ 图为"雅典娜"号的乘客纪念徽章。

号发射了一枚鱼雷，目的是将船击沉。"雅典娜"号完全没有任何武装，所以德国 U 型潜艇的袭击违反了国际法。虽然"雅典娜"号直到第二天早上才沉没，但还是有 100 多人丧生。由于引擎室被鱼雷击中，所以室内的船员们全部丧生，而更为悲惨的是，在匆忙弃船的过程中，两艘救生艇意外被毁，导致大量乘客因无法登上救生艇而丧生。六艘船参与了救援行动，在救援过程中，它们都很警惕，生怕受到德国 U 型潜艇的攻击。

乘客伊丽莎白·透纳回忆道："突然发生了可怕的爆炸，我被扔到了甲板上。我想自己一定是世界上最幸运的女人，因为当我从震惊中恢复过来时，我看到甲板上离我很近的地方躺着几具男性尸体……我乘坐的救生艇倾覆了，但是后来又被扶正了，所有落水的人都想方设法回到了救生艇上。"

"雅典娜"号被德国 U 型潜艇击沉，这一事件激起了国际社会的公愤，人们认为，此次事件，与 25 年前德国击沉"卢西塔尼亚"号一样恶劣。就像上次一样，德国人担心，他们错误地攻击了一艘没有武装的客轮，会把美国卷入战争。因此，纳粹德国不但拒绝承认罪责，而且他们还宣扬了一个可笑的阴谋论，说是温斯顿·丘吉尔下令击沉"雅典娜"号，为的是挑动美国卷入战争。

直到 1946 年纽伦堡审判时，纳粹分子才因战争罪接受审判。U 型潜艇"U-30"号指挥官弗里茨·朱利叶斯·莱姆普承认，他跟踪了"雅典娜"号一段时间后，得出了错误的结论，认为它是一艘武装的英国船只，理由是"雅典娜"号的深色油漆和迂回曲折的航线。他发射了两枚鱼雷，但是其中

⊙ U 型潜艇"U-30"号返回港口，弗里茨·朱利叶斯·莱姆普站在潜望塔上。

一枚未命中"雅典娜"号。当他意识到自己攻击了没有武装的船只后，他竟然伪造了 U 型潜艇的日志，而且纳粹领导人也不敢对此事承担责任。

82

来自蒸汽船"盎格鲁－撒克逊"号的救生艇

两名年轻人在大西洋上惊心动魄地漂流了70天，最终获救。

1940年，19岁的罗伯特·泰普斯科特和21岁的罗伊·维迪康贝，都是无人护航的英国货船"盎格鲁－撒克逊"号蒸汽船的船员。一天晚上，在亚速尔群岛以西某个地方，德国突击者"威德"号攻击了"盎格鲁－撒克逊"号，把它击沉了。船员们措手不及，第一波炮弹攻击摧毁了他们的无线电，所以，他们虽然身处困境，却无法发出求救信号。在"盎格鲁－撒克逊"号沉没前，大约40名船员中，有7人成功登上了18英尺（约5.5米，编者注）长的小艇逃生。令人郁闷的是，他们的小艇恰好从"威德"号的船头漂过。但是，好在"威德"号一心要消灭"盎格鲁－撒克逊"号，所以在黑暗中，德国人并没有发现他们。他们谁也不敢动，生怕引起德国人的注意。不久之后，他们惊恐地看到，乘坐救生筏逃生的其他船员，被德国人发现后，用机枪无情地杀死了。

"盎格鲁－撒克逊"号最终沉入海中，而突击者"威德"号也离开了。第二天早上，泰普斯科特、维迪康贝和其他幸存者，发现他们孤零零地处在一片广阔无边的蓝色海洋之中。他们带了一些食物、淡水、烟草和指南针，期待很快获救。晚上他们侥幸躲过了一艘德国船只，但是白天实在是炙热难当，所以，他们很快就耗

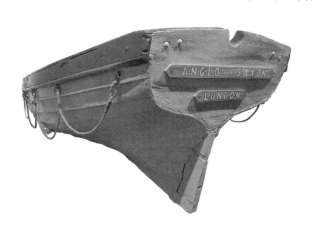

⊙　图为"盎格鲁－撒克逊"号的救生艇。

尽了本就不足的淡水储备。

一名受伤的船员死于坏疽病，另一名患坏疽病的船员选择跳海自杀。其余的人忍受着各种折磨，但是干渴、炎热和无法获救令人绝望，三管轮和大副商量了一下，选择自杀，然后一起跳入海中，几天后，副厨师长也跳了下去。

最后，救生艇上就剩下泰普斯科特和维迪康贝两个人了；二人都考虑过自杀，但从未付诸实施。他们被太阳严重灼伤，仅靠雨水、海藻和几条鱼活了下来。一天，他们看到一艘客轮经过，虽然疯狂地向客轮招手，但客轮还是没有发现他们。此外，他们还要与可怕的风暴做斗争。

令人难以置信的是，两人竟然在海上艰难地度过了70天，完成了2300英里（约3702千米，编者注）的旅程，最终到达巴哈马群岛。到那里时，他们两人都已经瘦得皮包骨头，岛民在海滩上发现他们时，他们都已经筋疲力尽了。他们每个人的体重，都几乎减少了一半。但经过在医院里的治疗和护理后，他们完全康复了。

生活似乎对一些人很不公平，就比如可怜的维迪康贝，他经历了这么多磨难，没想到在回家的路上，他乘坐的船被一艘德国U型潜艇击沉了。泰普斯科特终于回到了家，并且指证了德国U型潜艇指挥官鲁切尔，说鲁切尔用机枪扫射了"盎格鲁－撒克逊"号的救生筏。这名德国人被判为战犯，死在了监狱中。而泰普斯科特结了婚，还有了一个女儿，但是，他可能从未完全从这场生死磨难中恢复过来，他在1963年自杀了，年仅42岁，令人唏嘘。

⊙ 图为罗伯特·泰普斯科特（左）和罗伊维迪康贝（右）。

83

默西塞德郡的纪念牌匾

纪念英国有史以来最严重的海难。

英国皇家邮轮"兰开斯特里亚"号，原本是丘纳德公司旗下的一艘船，被征用作为运兵船。1940 年 6 月，在英国军队从敦刻尔克撤出后不久，"兰开斯特里亚"号开往法国开展"空中计划"，营救剩余的盟军平民和军事人员。6 月 17 日，"兰开斯特里亚"号在法国圣纳泽尔港停泊，数千人通过摆渡船登上了"兰开斯特里亚"号。船上确切的人数永远无法得知，因为大批的人不顾一切地冲上了船，所以无法统计具体的上船人数。这艘船的设计容量为搭载 2200 名乘客，但船长鲁道夫·夏普却接到上面通知，不要考虑法律或安全法规的规定，只需要尽可能多地搭载乘客。当"兰开斯特里亚"号准备启航时，船上至少有 5000 人，甚至可能多达 9000 人。

⊙ 图为纪念"兰开斯特里亚"号的牌匾。

因为"兰开斯特里亚"号是一艘客轮，所以它的设计初衷并不是为了能够抵御敌人的火力攻击。尽管需要避免受到德国人的攻击，但是"兰开斯特里亚"号还是在等待其他船只完成登船，以便在护航下一起离开，保护它们免受德国 U 型潜艇的攻击。遗憾的是，结果表明，这个延误启航的决定是致命的。下午早些时候，有人看到德国飞机在附近区域投下了炸弹，而且下午 1 时 48 分，附近的蒸汽船"奥罗赛"号被炸弹击中了，但是"兰开斯特里亚"号仍在等待。那真是一段令人焦虑不安的时间。

下午 3 时 48 分，一架容克 88 式轰炸机瞄准了"兰开斯特里亚"号，四枚炸弹击中了这艘一动不动、拥挤不堪的船。炸弹穿过上层甲板，在"兰开斯特里亚"号内部深处爆炸了，炸死炸伤大量的撤离人员和船员。大约 20 分钟后，"兰开斯特里亚"号沉没了。虽然有几艘救生艇下水了，但是被炸飞到海里或是跳进海里的人发现，自己就像是掉进了从破裂的燃料箱里流出来的燃油里，在里面苦苦挣扎。更糟糕的是，一些人还遭到德国人从空中用机枪扫射。此外，一些幸存者互相抢夺救生圈，许多人在水里待了好几个小时。

具体的死亡人数不得而知。普遍估计有 4000 人遇难，但是实际上可能要多得多。这个死亡总数是十分可怕的，因为即便是把"泰坦尼克"号（详见第 63 章）、"卢西塔尼亚"号（详见第 68 章）和"爱尔兰女皇"号（详见第 66 章）的死亡人数加在一起，也不过是 3715 人左右。

英国政府刚刚宣布了敦刻尔克撤退，士气本来就低落，而法国于 6 月 17 日停止了对德国的敌对行动，也预示着法国即将投降。丘吉尔认为，此时再公布"兰开斯特里亚"号被摧毁是非常不合时宜的，英国公众可能会无法承受。所以，丘吉尔在所有媒体报道上发布了 D 号通告，禁止播发与"兰开斯特里亚"号有关的任何消息。或许，这正是该可怕事件不为人所知的主要原因吧。

⊙ 20 世纪 30 年代"兰开斯特里亚"号的宣传图片。

84

缅怀之书

新福里斯特教堂里英国皇家海军舰艇"胡德"号纪念物的组成部分。

英国皇家海军战舰"胡德"号沉没时，我父亲才12岁。他告诉我，我爷爷有一天回到家，神情非常严肃，用平静而又颤抖的声音宣布："'胡德'号被击沉了。"因为"胡德"号是英国大名鼎鼎的战舰，它的沉没，对1941年英国士气的影响是非常深远的。

作为一个舰艇中队的一员，"胡德"号被派遣去拦截强大的德国战舰"俾斯麦"号和"欧根亲王"号，这两艘德国军舰正驶往大西洋，意图摧毁盟军的运输船队。不能允许这种情况发生。从北美运来军队和重要物资的商船，在德国U型潜艇面前不堪一击，而英国皇家海军的护卫舰，又根本无法与这两艘强大的德国军舰相抗衡。

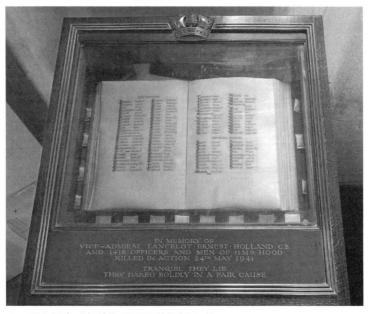

⊙　图为纪念"胡德"号而作的缅怀之书。

海军中将兰斯洛特·霍兰德是这次拦截行动的总指挥，而"胡德"号是他的旗舰。1941年5月24日清晨，他们在丹麦海峡发现了这两艘德国战列舰。双方军舰立即开火，交战开始后不久，大约早上6点，"俾斯麦"号的炮弹击中了"胡德"号主桅附近。接着，"胡德"号突然发生了巨大的爆炸，船上的所有人都惊慌失措，而随后三分钟内，"胡德"号的船尾首先沉没。"俾斯麦"号的炮弹属于歪打正着，不知怎么做到的，这发炮弹竟然击中了"胡德"号的要害，引爆了弹药库。爆炸的确切原因一直存在争议，而且就算到现在，可能也永远无法确定原因，2001年发现"胡德"号的残骸时，船上的相关部位（主桅）已经彻底毁掉。

"胡德"号只有三名船员幸存下来，两小时后，"胡德"号被英国皇家海军军舰"厄勒克特拉"号救起，总共有1415人牺牲。这是英国军舰历史上，牺牲人数最多的一次。失踪的船员中，有71人是不足17岁的孩子。

遭受了这一令人震惊的打击后，英国面临着"俾斯麦"号仍然可能对英国至关重要的运输船队为所欲为的局面。这是一个不容忽视的问题。丘吉尔也非常清楚这一点，所以他几乎立即向英国皇家海军下达了著名的命令："击沉'俾斯麦'号。"这艘德国军舰遭到了无情的追击，仅仅三天后，也就是5月27日，"俾斯麦"号就被英国皇家海军摧毁了。

这本缅怀之书，列出了所有牺牲在"胡德"号上的人，而这是菲利斯（霍兰德中将的遗孀）的主意。尽管有这么多人牺牲在"胡德"号上，但是战后并没有为这艘军舰建立国家纪念馆的计划。然而，霍兰德夫人决定在她和丈夫曾经做礼拜的新森林地区博尔德雷的圣约翰教堂内，建造一座纪念馆。除了缅怀之书，教堂里的其他纪念物品还包括一扇彩色玻璃窗、两条刻有"胡德"号徽章的长椅，以及一幅船的原画。每年，教堂都会举行官方的纪念仪式。

⊙　图为在博尔德雷的圣约翰教堂长凳上雕刻精美的船徽。

85

多丽丝·霍金斯的精彩叙述

> 这个故事展现了敌人（德国人）出人意料的人性，而一个盟友（美国人）却显得毫无人性了。

1942年9月12日，英国皇家海军军舰"拉科尼亚"号上的护士多丽丝·霍金斯，在晚饭后回到了她的宿舍。船上有盟军军事人员及他们的家属，另外还有1800名意大利战俘。当多丽丝和一名朋友正在聊天时，听到了两次爆炸：多丽丝知道他们的船被鱼雷击中了。她一把抓起自己负责照管的孩子莎莉，加入了冲向主甲板的人群之中。在途中，船上的灯坏掉了，而且船开始倾斜了。好不容易跑到了甲板上，每艘救生艇不是人满了，就是坏了，不能使用。一名英国皇家空军军官帮助多丽丝在一艘救生艇上找到了一个位置，但是这艘救生艇下水时倾覆了。多丽丝一不小心，没有抓住莎莉，从此再也没有找到她。

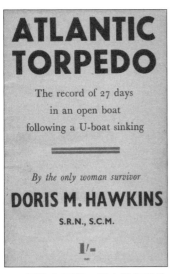

ATLANTIC TORPEDO

The record of 27 days
in an open boat
following a U-boat sinking

By the only woman survivor

DORIS M. HAWKINS
S.R.N., S.C.M.

1/-

⊙ **图为多丽丝·霍金斯叙述作品的扉页。**

人们在水中挣扎，而多丽丝幸运地搭上了一艘橡皮艇，然后看着"拉科尼亚"号沉没。她和她的同胞们浑身上下都是燃料油，而且嘴里还吞下了一些，这导致他们生病了。他们又冷又湿，没有食物。多丽丝所在橡皮艇的一个人，因为伤重不治身亡。

当她们在海上漂流的第二个晚上，出乎所有人的意料，那艘击沉"拉科尼亚"号的德国U型潜艇出现了，扔给了她们一根绳子，把她们带上潜艇。德国人为她们提供了食物和医疗服务，她们浑身暖和起来，而且德国人还允许他们睡觉。多丽丝说道："德国人对我们非常友好和尊重。"德国U型潜艇的指挥官维尔纳·哈滕施泰因对她们表示同情。哈滕施泰因通过无线电请求支援，并且获得了其他U型潜艇的支持和帮助。一艘意大利潜艇到达，然后带走了意大利籍幸存者，而法国维希政府同意派船去接其他人。救生艇和橡皮艇拖在U型潜艇后面，由于潜艇内空间不足，一些幸存者便仍然需要待在这些救生艇和橡皮艇中。

德国人的人道主义救援行动，被一架美国飞机所打断。尽管德国U型潜艇悬挂着红十字旗，后面拖着载有幸存者的救生艇，并且向美国飞机发出了他们是在进行救援的信号，但是美国飞机不为所动，还是轰炸了德国U型潜艇。德国U型潜艇别无选择，只能抛下这些幸存者，断开潜艇后面拖着的救生艇，然后潜入水中。对德国U型潜艇而言，满载着幸存者再下潜，是无法做到的。在她的战时叙述中，多丽丝非常巧妙地指出，美国人应该对此事负责。

幸存者们不得不游向救生艇，而许多人在此过程中淹死了。多丽丝发现，她和一名妇女以及66名男子挤在一艘漏水的30英尺（约9米，编者注）长的救生艇上，由于这艘救生艇上没有舵，所以很快就与其他救生艇分开了。他们每天只能喝两盎司（1盎司≈28毫升，编者注）的水，口粮也非常少。很快，他们就出现了生疮、感染、疼痛、晒伤和极度虚弱等症状。这些幸存者一个接一个地死去。当在海上漂浮了整整三周时，他们耗尽了所有的淡水储备，但是长达6个小时的暴雨来得非常及时，使他们的淡水储备又充足了。

在海上漂流了27天后，他们的救生艇终于在利比里亚海岸搁浅了。他们爬上岸，当地人帮助了他们。只有16人幸存下来，但是不久之后，一个可怜的家伙死于坏疽病。而"拉科尼亚"号的其他幸存者，则被救援船只救起，大部分是被法国巡洋舰"光荣"号救起的。

⊙ 图为第二次世界大战前的英国皇家邮轮"拉科尼亚"号。

"拉科尼亚"号沉船事件中，虽然总共有1100人幸存了下来，但死亡人数可能超过了1600人。

最终，多丽丝回到了英格兰，并且于1943年出版了她的叙述作品。她在第二次世界大战中活了下来。

86

一架日本轰炸机模型

在第二次世界大战期间，船只受到来自空中的威胁，比以往任何时候都
要大。

在第一次世界大战中，只有少数海军舰艇被飞机击沉。一个著名的例子
是英国皇家海军潜艇"B10"号，它在威尼斯被奥匈帝国飞机炸毁。这是有史
以来第一艘被飞机击沉的潜艇，不幸中的万幸，没有造成人员伤亡。

但是到第二次世界大战时，军用飞机是一种更为有效的攻击设备了。它
们能飞得更远，速度更快，机动性更强，而且装备也更好。特别是，1941 年
12 月 7 日对美国珍珠港的袭击，显示了日本飞机的威力。在美国"珍珠港事
件"中，日本飞机一共摧毁了 188 架美国飞机，杀死了 2403 名军人。其中，
美国军舰"亚利桑那"号被一枚炸弹击中，发生爆炸并且沉没，造成 1177 人

⊙ 图为一架日本轰炸机模型。

丧生。另外还有大约 18 艘美国船只被摧毁或受损。

三天后，英国皇家海军损失了英国皇家海军军舰"威尔士亲王"号和"反击"号，这两艘军舰在驶往马来西亚的途中遭遇了空袭。这是有史以来在开阔水域被飞机击沉的第一批主力战舰。日本陆基飞机同时投下了炸弹和鱼雷。

在 20 世纪 40 年代，陆基飞机只能在水面上飞行有限的距离，否则它们就会耗尽燃料，因此，从航空母舰上起飞的轰炸机对远洋运输构成了重大威胁。前一页显示的飞机，是爱知 D3A1 型 99 式俯冲轰炸机，是一款航空母舰舰载机。虽然这是日本在美国"珍珠港事件"中使用的机型之一，但是这些飞机很快就瞄准了英国船只。

1942 年复活节当天，两艘英国皇家海军的重型巡洋舰，即"多塞特郡"号和"康沃尔"号航行在海面上，准备与印度洋的英国皇家海军舰队会合。不幸的是，这两艘重型巡洋舰被一架日本飞机发现了，并且受到从日本航空母舰上起飞的 99 式俯冲轰炸机的攻击。每架日本飞机的主机身下，各携带一枚 250 千克的炸弹，机翼下各携带一枚小一些的炸弹。日本飞机以一个大角度向这两艘重型巡洋舰俯冲下来，使得防空火力难以摧毁它们，然后日本飞机从较低的高度投掷炸弹，以确保准确命中目标。

"多塞特郡"号被炸弹击中多次，很快就丧失了通信、动力和转向能力。后续投下来的炸弹引发了大火，炸毁了弹药库，击破了舰体，损坏了引擎。接着，"多塞特郡"号开始倾斜，有人跳入海中，有人被甩到海里，结果，幸存者在水中被路过的飞机用机枪扫射。10 分钟内，"多塞特郡"号倾覆并沉入海中。日本的俯冲轰炸机以同样的方式攻击"康沃尔"号，几分钟后，"康沃尔"号也沉没了。

两艘重型巡洋舰的幸存者，现在都在一片宽阔的公海上，他们之间只有几艘救生艇可用，还有一些碎片可供人漂浮，而且食物也很有限。厚厚的燃油从沉船中涌上海面，使身在水中的人感到极其不适和难耐。军官们设法把他们的手下聚集在一起，幸运的是，第二天他们就被救了起来，两艘船上有 1122 人幸存下来，但是有 424 人牺牲了。

87

水手的帽带

由于害怕对战时士气造成影响，所以英国皇家海军舰艇"库拉科亚"号的巨大损失当时被保密了。

帽带是上面印有船名的丝带，而英国皇家海军水手将其系在帽子上。传统上，帽带是黑色的，上面印有金色字体。在第二次世界大战中，帽子上带有这种特殊帽带的人，他们中许多人的命运既令人震惊不已，又令人痛苦不堪。

"库拉科亚"号是一艘老巡洋舰，所以在第二次世界大战的大部分时间里，它被用于执行护航任务。1942 年 10 月 2 日，在约翰·布特伍德船长的指挥下，"库拉科亚"号前往爱尔兰海岸附近，与英国皇家邮轮"玛丽女王"号客轮会合，并将"玛丽女王"号安全护送到英国格里诺克。"玛丽女王"号上载有一万名美国士兵，海军准将西里尔·伊林沃斯爵士奉命无论如何都要一直航行，不能停下来。"玛丽女王"号的速度非常快，可以跑过德国 U 型潜艇，

⊙　图为印有船名的帽带。

但是一旦停下来，它就是德国 U 型潜艇的一个活靶子。而且船上有这么多部队，如果遭到鱼雷袭击的话，后果简直不堪设想。

按照惯例，"库拉科亚"号和"玛丽女王"号都走了一条快速的"之"字形航线，这样德国 U 型潜艇就难以瞄准它们。然而，两名船长对于哪艘船有优先航行权，持有不同的看法。这意味着当他们的两条航线交叉时，他们都认为另一艘船会改变航线。当碰撞变得不可避免时，已经来不及采取避让行动。结果，"玛丽女王"号以大约 25 节（约 46.3 千米 / 小时，编者注）的全速撞上了英国皇家海军舰艇"库拉科亚"号的中部，简直就是将"库拉科亚"号切成了两半。"玛丽女王"号上的一名水手阿尔弗雷德·约翰逊说，他的船"把巡洋舰像一块黄油一样切成了两半，直接穿透了 6 英寸（约 0.15 米，编者注）厚的带装甲船板"。

虽然"库拉科亚"号的尾部立即沉没，但是其余部分还是在水面上漂浮了几分钟。由于奉命不能停下来，所以"玛丽女王"号的船员，只能眼睁睁地看着他们的船不顾一切地继续前进，而"库拉科亚"号上的船员便只能听天由命了。虽然"玛丽女王"号用无线电联系了距离更远但同样执行护航任务的军舰，请求过来救援，可是，直到几个小时后，幸存者们才被救起。包括布特伍德船长在内，总共有大约 100 人获救，但是 337 人丧生了。

在第二次世界大战期间，这场悲剧被压了下来，那些目睹了这一事件的人被告知必须保持沉默，不得将此事张扬出去。直到战争结束后，这场灾难的消息才向公众披露，死亡人数之高，令人震惊不已。同时，在这场本应完全可以避免的事件中失去亲人的家庭，更是深感痛苦不堪。

与此同时，海军部向"玛丽女王"号的船主丘纳德白星航运公司寻求法律救济。最初的裁决，认定完全是"库拉科亚"号高级船员的过错，但是上诉后，责任被确定为海军部承担三分之二，航运公司承担三分之一。

⊙ 英国皇家海军舰艇"库拉科亚"号在海上。

88

"贝尔法斯特"号

一艘曾经几乎彻底损坏的船只，帮助摧毁了一艘恶贯满盈的德国战列巡洋舰。

如果用一个词来概括英国皇家海军军舰"贝尔法斯特"号，那可能就是"幸存者"。1939 年，这艘船撞上一枚水雷后，几乎彻底损坏了。由于损坏非常严重，所以花了三年时间它才被修好，得以重新服役。后来，"贝尔法斯特"号在护航任务中保护了盟军海上运输船队，帮助击沉了一艘恶贯满盈的德国战列巡洋舰，并且还参加了诺曼底登陆。在经历了第二次世界大战和朝鲜战争之后，这艘战舰仍然屹立不倒，停泊在伦敦塔桥附近的泰晤士河上，1971 年以来，它一直作为一艘独特的博物馆船被保存下来。

在第二次世界大战中，德国 U 型潜艇对商船队造成的损失达到了令人吃惊的程度，因此，海军护航舰艇对减少商船损失有着至关重要的作用。"贝尔法斯特"号是一艘强大的战舰，在北极护航队中服役，以确保重要物资到达英国当时的盟友苏联。北极航线的条件非常恶劣，护航舰队不仅要与刺骨的寒冷和冰天雪地做斗争，同时还要面对来自冰冷海面下敌人不断进攻的威胁。"贝尔法斯特"号的姊妹舰，即英国皇家海军军舰"爱丁堡"号，在执行护航北极船队任务时被敌人击沉。

1943 年，截获的敌方通信显示，一支德国舰队已经离开了他们在挪威的基地，计划袭击一支运输船队。敌人的旗舰是强大的"沙恩霍斯特"号战列巡洋舰，这是海上最具威胁的舰只之一。长期以来，对英国皇家海军而言，它一直是一个巨大威胁，所以英国海军部特别渴望能彻底解决掉它。

英国海军部的计划是，让海军上将罗伯特·伯内特的"贝尔法斯特"号与英国皇家海军军舰"诺福克"号和"谢菲尔德"号一起保护运输船队，同时海军上将布鲁斯·弗雷泽的"约克公爵"号在其他几艘舰艇的协助下，切断"沙恩霍斯特"号向挪威的退路。这场战斗，就是著名的北角海战。

由于护卫舰接到命令离开，"沙恩霍斯特"号独自前行。"贝尔法斯特"号很快在雷达上发现了"沙恩霍斯特"号，而距离更近的"诺福克"号率先向"沙恩霍斯特"号开火了。没有想到，"诺福克"号的炮弹竟然击中了"沙恩霍斯特"号的雷达，使其雷达失灵，而"沙恩霍斯特"号的舰炮恰恰要依靠雷达来精确瞄准。尽管雷达失灵了，但是"沙恩霍斯特"号依然开炮还击，并且继续追击运输船队。不久，"贝尔法斯特"号、"诺福克"号和"谢菲尔德"号一起向"沙恩霍斯特"号开火，这样"沙恩霍斯特"号就有些招架不住了，所以掉头向挪威返航。此时，海军上将弗雷泽和他的舰队已经就位，准备痛击"沙恩霍斯特"号。在随后的追击中，"贝尔法斯特"号发射了发光照明弹，照亮了"沙恩霍斯特"号，以便"约克公爵"号和它的僚舰继续对它进行精准攻击。

英国人先是发射炮弹，然后发射鱼雷，进行猛烈攻击，而德国海军少将誓要战斗到打光最后一发炮弹为止。英国军舰有条不紊、按部就班地击沉了这艘战列巡洋舰。曾经强大无比的"沙恩霍斯特"号的残骸，就像一块石头一样，沉入冰冷的北极水域，它在海浪下发生了爆炸，带走了1927名德国船员的生命，而仅有36人获救。这是丧生人数最多的沉船海难之一，也是欧洲海域最后一次军舰之间的对决。

⊙ **图为"贝尔法斯特"号。**

89

英国医学研究理事会第 8 号战争备忘录

第二次世界大战期间，英国发布了关于照顾沉船海难人员的官方建议。

英国医学研究理事会，就紧急截肢和预防医院感染等主题，发布了一些战时备忘录。1943 年发布的第 8 号战争备忘录，是关于在沉船海难后如何保护生命安全的。

截至 1943 年，英国和盟军损失了数千艘船只，但关于沉船海难后如何保命的建议，迟迟没有发布，这实在令人疑惑不解。此外，这份报告一开始就大量引用了纳尔逊时代出版的一本书。该报告主要面向的是通过救生艇逃离沉船的海员。报告中提供的相关建议，代表了"水手和科学家们共同汇集的知识"，并且得到了英国皇家海军军官、商船队高级船员、航海学校和医疗官员的认可。报告的作者强调，在海上漂流超过 24 小时的所有救生艇中，近一半在 5 天内抵达安全地带，所以，要想在沉船海难后取得积极结果，相关主管人员的领导力及采取的行动，是重要的影响因素之一。

报告中建议，船员们应在海上按照惯例采取行动，以便在他们的船只遭受攻击后，能够最大限度地提高生还机会。这包括定期检查救生艇，一定要穿着全套衣服睡觉以防船只突然沉没，每天都要记住船只的所在位置。报告中，对于登上救生艇后，如何行为举止也给出了建议："不要因为激动而使自己筋疲力尽。不要唱歌，不要大喊大叫。因为这样做的话，会损耗气力，同时在呼吸过程中丧失宝贵的水分。"报告中同时还建议，救生艇上的每个人都要有事情做，无论事情大小。

报告中还提出了有关保护免受恶劣天气影响、定量配给淡水和急救的实用建议。在一艘漂流的救生艇上，常见的医学症状包括口干、皮肤皲裂、盐水灼伤、眼睛发炎、肠道紊乱、腿因为长时间不能活动而肿胀、冻伤和由于长时间浸泡腿脚而引起的"足浸病"。同时，报告中告诉幸存者，不要喝海水或自己的尿液，还指出，鲨鱼并不那么危险，而海市蜃楼现象却特别需要重视。

　　救生艇急救箱里有安非他命药片（中枢神经刺激剂，现已被列为毒品，编者注），可以"减轻疲劳感和疲惫感，提高警觉性，振奋精神，延长'坚持'和活下去的意志"。报告中还建议幸存者，让救生艇上的瞭望员保持清醒，避免过度疲惫，这样在需要之时，他也能够出一份力，比如划船。

　　最后，报告中为最大限度地提高救援机会提供了相关指南，包括保持瞭望、采用合适的航海原则及简要叙述了吸引潜在救援人员注意力的方法。

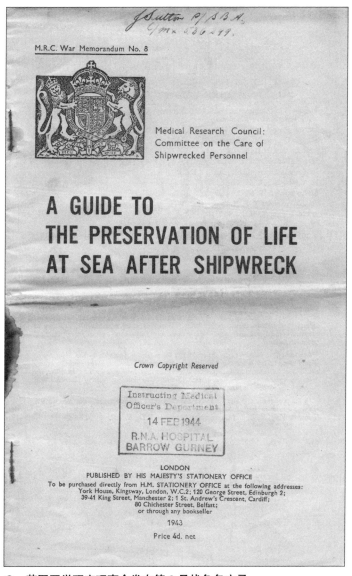

⊙　英国医学研究理事会发布第 8 号战争备忘录。

90

帆布上的航海日志

蒸汽船"拉尔沃斯·希尔"号被鱼雷击中后，该帆布上的航海日志由一名幸存者保管。

在第二次世界大战期间，与德国 U 型潜艇相比，意大利潜艇造成的战争影响非常有限。最为出名的意大利潜艇，当属詹弗兰科·加扎尼加·普里亚洛吉亚指挥的"列奥纳多·达·芬奇"号，它击沉了 17 艘盟军船只。1943 年 3 月 19 日，在最后一次出海巡航过程中，它先是击沉了"加拿大女皇"号（颇具讽刺意味的是，"加拿大女皇"号当时正在运送意大利战俘），随后又击沉了其他六艘船只。

"列奥纳多·达·芬奇"号的第二个目标是英国货船"拉尔沃斯·希尔"号蒸汽船。当时，"拉尔沃斯·希尔"号船上有不少于 45 名船员，夜间，在非洲西海岸附近，它被鱼雷击中，然后在那里迅速沉没。船上的木匠肯尼斯·库克跳下船，游过海面上的油污和残骸，直到天亮时才发现了一艘救生筏。游到救生筏时，他已经筋疲力尽，是另一名幸存者帮助他爬上了救生筏。他们一起寻找其他的幸存者，最后，救生筏一共载上了 14 个人；有几名幸存者当时只有十几岁。

救生筏长 10 英尺（约 3 米，编者注），宽 8 英尺（约 2.4 米，编者注），上面的食物储备非常少。所以，救生筏上的人每天只能够喝三次水，每次两盎司（约 60 毫升），早餐吃两三片干牛奶片，午餐吃一勺鱼酱，下午茶时吃两块巧克力。

鲨鱼自始至终都是一个重大威胁，"拉尔沃斯·希尔"号沉没后，鲨鱼立即吃掉了落水的人。它们不停地围着幸存者转，有些鲨鱼几乎有救生筏两倍长。幸存者给最大的一条鲨鱼起了个外号——"疤面煞星"。

库克用一支铅笔在帆布条上写下了一些航海日志。他记录了"拉尔沃斯·希尔"号的命运、幸存者的名字以及他们的遭遇。他们漂向赤道，在 38

摄氏度的炙热高温下变得越来越虚弱。4月6日，在海上漂流了18天之后，第一个人死掉的人是大副巴兹尔·斯考恩，这样，库克接管了救生筏的指挥权。巴兹尔·斯考恩的丧生，严重打击了他们的士气，于是，在10多天内，又有5人死亡。死掉的人，他们的尸体都不得不扔到救生筏外，任由鲨鱼狼吞虎咽地吞噬。想到自己可能就是下一个会死掉的人，这种感觉实在是太可怕了。

幸存者瘦弱不堪，又被太阳晒伤，并且极度口渴。一些人已经变得神志不清，有时还会因为喝了海水使情况进一步恶化。突然，一个人跳了起来，把另外两个人也一起拖入了海中。库克下令，把这个跳船的病人留给鲨鱼，因为他对救生筏上的其他人构成了威胁。被这个跳船病人拖下水的两个人中，只有一个人爬回了救生筏上，另一个人则被鲨鱼咬死了。

五周后，只有两个人——库克和水手科林·阿米蒂奇还活着。他们考虑过自杀，但是没有付诸行动。最后，他们每天只能喝两盎司（1盎司≈28毫升，编者注）的水。最终，一架飞机发现了他们，五天后，他们被英国皇家海军军舰"迅捷"号救起。不知道是不是依靠某种神奇的力量，他们在海上熬过了艰难的50天。而他们的家人早就被告知，他们死了。

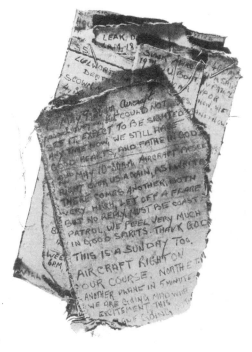

⊙ 图为帆布上的航海日志。

91

船舶搁浅的快照

蒸汽船"莱斯特"号是一艘不会沉没的船，这张照片是由一名度假者在1948年拍摄的。

水手遭遇多次沉船海难而死里逃生的传奇故事有许多，但是船只不止一次因为失事而被抛弃的故事，却不并多见。

蒸汽船"莱斯特"号是一艘货船，最初于1944年在美国建造，原名"萨麦斯"号，被用作第二次世界大战中的辅助船只。"萨麦斯"号安然无恙地度过了第二次世界大战，战后美国联邦蒸汽航运公司接管了它，并改名为"莱斯特"号。1948年9月，这艘船载着砾石驶离英国埃塞克斯的蒂尔伯里，驶向美国纽约。在9月14日前，海上航行一切都很顺利，那天"莱斯特"号航行到百慕大群岛东北约700英里（约1127千米，编者注）处。在那里，这艘船多次被巨浪击中，这些巨浪是由加勒比海的7号飓风产生的。

在波涛汹涌的大海中，船上的砾石货物在海浪的冲击下发生了移动，导致船向左舷倾斜，最初倾斜了30°，后来逐渐增加到惊人的70°。不出所料，船员们决定弃船逃生。尽管有6名船员在艰难的撤离过程中丧生，但是大多数人还是被一艘路过的船只救起。

虽然人们觉得"莱斯特"号肯定失事了，但是还是派出了两艘打捞拖船，即"约瑟芬基金会"号和"莉莉安基金会"号，去寻找"莱斯特"号。最终，这两艘打捞拖船找到了"莱斯特"号，并将这艘受损的船拖回了港口。由于船体发生了倾斜，并且船舵被卡住了，所以"莱斯特"号不断地向侧面突然倾斜，导致将它拖回港口的过程异常艰辛。

10月3日，拖船将"莱斯特"号送到了避风港百慕大群岛的默里锚地。相关后续工作很快展开，先转移船上的砾石货物，以便船身能够平稳地浮在水面上。然而，这项任务还没有完成，另一场加勒比飓风就来临了。8号飓风袭击了这座岛屿，"莱斯特"号和打捞拖船"约瑟芬基金会"号都被吹向了岸边。

虽然采用大约30吨重的系泊锚固定了"莱斯特"号，但它最终还是重重地搁浅在礁石上，不得不再次进行救援，这又花了不少时间。

"莱斯特"号最终被拖到美国纽约进行了修理，它的此次航行也就以这种方式结束了。后来，这艘船被多次出售，先后改名为"伊纳瓜"号、"塞拉芬·陶匹克"号、"杰拉·陶匹克"号，最后是"维京·利伯蒂"号。1966年1月，"维京·利伯蒂"号在特立尼达搁浅，后被认定没有修理价值了，所以这艘船被拆解报废了。遭遇了三次不幸，它最终可以"安息"了。

⊙ "莱斯特"号被吹向了岸边，搁浅在礁石上。

⊙ "维京·利伯蒂"号在特立尼达搁浅。

92

利物浦的水手教堂

在遭受战争破坏后，这座教堂于 1952 年重建，长期以来一直为海员和他们的家人提供安慰。

在英国，虽然有很多座被称为"水手教堂"的建筑，但是可以说，位于利物浦的圣母和圣尼古拉斯教堂，是最有名的一座。自中世纪以来，这里一直是一个礼拜场所，但是在第二次世界大战中，教堂的主体结构遭到敌人的轰炸而毁于战火，于 1952 年重建。教堂里的这座塔楼更为古老，可以追溯到 19 世纪早期。

这座教堂，一直与海员的守护神圣尼古拉斯联系在一起，几个世纪以来，

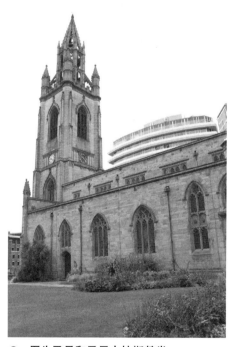

⊙　图为圣母和圣尼古拉斯教堂。

当地人都去那里祈祷家人平安归来。海难属于十分常见的危险，除了祈祷，人们还可以通过向圣者献上小祭品，来祈求神的庇护。据说，尼古拉斯曾经是现代土耳其迈拉市的一名主教。关于他的传说有很多，据说有一次，他在海上的一艘船上，仅仅通过斥责恶劣的天气，就平息了一场可怕的风暴。因此，在利物浦的教堂里有一扇彩色玻璃窗，上面画着圣尼古拉斯小心翼翼地抱着一艘现代船只，仿佛是为了保护它免受伤害。

宗教与海洋保护之间的联系，可以追溯到几千年前。古希腊人在出航前，会向海神波塞冬祈求保佑，而罗马人，则会向他们的海神尼普顿寻求

保护。

有时，英国沿海地区的基督教社区，会采取异教徒式的仪式来祈求海上安全，比如"祈福大海"仪式。通常，这些基督教社区会开展丰富多彩的活动，典型的活动是，先巡游，然后在岸边举行教堂仪式。传统上，人们会为海员和当地船只的安全进行祈祷，而且通过圣水洒落的方式向海洋祈福。虽然已经没有像过去那么受欢迎了，但是这些仪式在一些地方仍然举行，特别是在英格兰东南部的黑斯廷斯和福克斯顿等地。

在维多利亚时代，教会在任何重大灾难中都扮演着重要的角色，慰藉和安慰人们。教会经常会为沉船事故举行纪念仪式，而且

⊙ 右图：在利物浦教堂的一扇窗户里，圣尼古拉斯小心翼翼地保护着一艘船。
⊙ 下图：1904 年，在黑斯廷斯举行的"祈福大海"仪式。

"Blessing the Sea"
(St Nicolas Church)

在发生造成了重大人员伤亡的海难后，通常会向全国人民发表布道。在沉船海难中，宗教话语的一个重大主题是，基督徒即使面临即将到来的死亡的痛苦考验，仍然需要保持对上帝的信仰。海难发生后，从头到尾，乘客们一起平静地祈祷，这样的新闻报道得到了广泛的颂扬，尽管有人怀疑这些新闻报道经常是幸存者杜撰的，用来安慰遇难者的家人。据报道，在"泰坦尼克"号这艘巨轮沉没前的最后几分钟里，甲板上的乐队怀着骄傲且自豪的心情，演奏了乐曲《离上帝更近》。

93

英国伦敦塔山纪念碑

这座纪念碑于 1955 年建成，是为了纪念两次世界大战中因海难丧生的商船队船员，他们葬身大海并且没有坟墓。

在两次世界大战中损失的船只和人员的统计数字，既触目惊心又令人警醒。根据英联邦战争墓地委员会的数据，在第一次世界大战中，有 3305 艘商船和渔船葬身海底，1.7 万人丧生。峰值出现在 1917 年，当时德国人发起了"无限制潜艇战"，但是随后英国皇家海军采取了运输船队护航体系，扭转了德国 U 型潜艇造成的不利局面，大大减少了损失。

在第二次世界大战中，损失甚至更高：4786 艘商船葬身海底，3.2 万人丧生，峰值出现在 1942 年，德国 U 型潜艇再次成为造成损失的主要因素。大西

⊙ 图为塔山纪念碑的第一次世界大战纪念部分。

洋上的损失最大，因为在第二次世界大战中，北美是盟军作战中部队、军事装备、补给、食品和原材料的最重要来源。此外，前往苏联的北极船队以及在地中海航行的船只，同样遭受了重大损失。

伦敦塔附近的塔山纪念碑，是纪念所有级别的商船队人员，他们的遗骸留在了大海。它分两部分建成。第一次世界大战纪念部分，确定了大约1.2万名死亡人员的身份，因为他们葬身大海，所以没有坟墓，在一个类似陵墓的大型屋顶柱廊上的青铜牌匾上面，刻上他们的名字。关于纪念碑应该采取的形式以及所在位置，最初存在争论，所以，在泰晤士河附近一个更为显眼的位置设置纪念碑的提议被驳回了。塔山纪念碑由埃德温·卢琴斯爵士设计（他还负责设计了白厅纪念碑和其他许多纪念碑），由威廉·里德·迪克爵士负责雕刻。1928年12月12日，乔治五世的妻子玛丽王后为纪念碑揭幕。

⊙ 一名商船队高级船员守卫着第二次世界大战纪念碑的入口。

第二次世界大战后，纪念碑进行了扩建，以容纳确定了身份但未找到遗体的大约2.4万名死者。该纪念碑采用半圆形下沉花园的形式，它的入口处，是面向第一次世界大战纪念碑的两个尖塔。每个尖塔上两边都有一个相同大小的人物：一边是商船队水手，另一边是高级船员，这或许意在传达这样一个信息：在人死后，等级和社会地位都变得无关紧要了。这个较新的第二次世界大战纪念部分，由爱德华·莫夫爵士设计，查尔斯·惠勒雕刻，1955年11月5日，伊丽莎白二世为它揭幕。

2005年，英国为纪念在福克兰群岛战争（1982年）中丧生的商船队人员，又新建了一座较小的纪念碑，这座纪念碑采用日晷外形。

⊙ 纪念碑上刻着成千上万个名字，这只是其中的一部分。

94

一只死去的海鸟

1967 年，"托里峡谷"号解体后，大量野生动物死亡。

沉船对环境的影响是十分重大的。几十年前的沉船，随着船体在水下生锈，它们的石油燃料逐渐泄漏到海洋之中，然后进入食物链。然而，对于海洋生物而言，最严重的影响来自失事的运输石油的油轮，因为失事后泄漏到海里的石油数量可能十分巨大，造成的影响也就不言而喻了。

1967 年，"托里峡谷"号从科威特向英国威尔士米尔福德港的炼油厂运送约 12 万吨石油。这艘船的身份背景很复杂：它悬挂利比里亚国旗；它的船东位于百慕大，却是一家美国公司的子公司；它由英国石油公司（BP）包租；它的船长是意大利人帕斯特伦戈·鲁吉亚蒂。

⊙ "托里峡谷"号发生漏油事故后导致一只海鸠死去。

在自动导航装置的控制下，"托里峡谷"号油轮从西班牙加那利群岛驶向英国锡利群岛。当船接近英国时，鲁吉亚蒂船长决定驶往锡利群岛的东部，但他对那里不熟悉，尤其是航线前面的七石礁。1967年3月18日，上午近9时，"托里峡谷"号撞上了礁石，许多储油罐破裂。幸运的是，船员们能够弃船逃生，没有人员伤亡，但在当时，这也是有史以来最为严重的一次漏油事故。

对于如何处理如此大规模的石油泄漏事故，英国没有相关的经验。他们决定向泄漏的石油喷洒清洁剂，试图将其分散开来，于是，英国人从一支舰队中调配了数万加仑的清洁剂。一旦"托里峡谷"号油轮开始解体，英国皇家空军就会轰炸它，试图点燃石油以减少污染的海洋区域，但是，收效甚微。尽管英国人做出了种种努力，但是康沃尔、锡利群岛、根西岛和布列塔尼的海岸，还是被"黑潮"覆盖了。

油轮海上漏油的灾难，导致成千上万的海鸟因石油窒息而亡。这些海鸟经常溺水、饿死、中毒或死于体温过低。然而，这种直接的且令人苦恼的影响，并不是这场灾难故事的全部。石油和清洁剂进入了食物链，随后杀死了许多的鸟类和其他生物，比如上一页所示的海鸠，其死因正是这些积累

⊙ 据估计，在"托里峡谷"号漏油事故后，有3万只海鸟死亡。

在它们身体中的毒素。海洋、海岸线和野生动物的数量，需要很长一段时间才能恢复。

然而，可能是因为"托里峡谷"号的悲剧，海上石油运输已经变得更为安全了。法律责任、船舶设计和国际法的变化，使得油轮不再那么容易发生泄漏，而且现在处理海上石油泄漏的方式也更为丰富了。尽管如此，由于油轮、石油钻井平台、旧沉船、旧管道和旧储存设施造成的石油泄漏，每年仍然导致成千上万只鸟类死亡。

95

纪念雕塑和花园

在英国历史上，"德比郡"号是海上失事的最大一艘船只。

现代货轮可能非常巨大，但是船的尺寸再大，也不一定能抵御最恶劣的天气。1980 年 7 月，"德比郡"号散货船从加拿大驶往日本。这是一艘 16 万吨级的大船，船上装载着沉重的铁矿石货物。船上有 42 名船员，此外还有两名船员的妻子。9 月 9 日，船员发出的最后一条无线电信息称，他们在南中国海被台风"兰花"所困。此后，再没有收到船员的任何消息，包括求救信号。

9 月 21 日，在没有发现任何船只残骸的情况下，对"德比郡"号的搜索停止了。船员的家属们悲痛欲绝，要求进行官方调查。虽然进行官方调查的请求一再遭到拒绝，但是船员的家属们非常坚持，尤其是当发现"德比郡"号的姊妹船存在重大结构缺陷之后，他们的底气更足了。关于这艘船的失事，有人

⊙ 为纪念"德比郡"号船员而建造的雕塑和花园。

专门写了一本书，有人制作了一档电视节目，而且一个特别活跃的地方议员和工会频频为此事发声，还有人向下议院递交了一份请愿书。这种舆论压力和潜在的安全隐患，促使国际运输联合会从 1994 年开始对沉船进行重新搜索，而此时距离这艘船失事已经 14 年了。

位于太平洋约 2.5 英里（约 4 千米，编者注）深处的水下目标，被确认为"德比郡"号，然后英国政府在欧盟的支持下，开始了勘察。1997～1998 年，英国政府进行了详细的深海勘察，拍摄了船舶残骸的照片。虽然对收集到的所有材料进行整理，花了一些时间，但是很明显，"德比郡"号的沉没，是由于前甲板上的一个舱口失效，导致海水进入船舱。

初步的分析认为，是由于船员没有正确固定导致了舱口失效，而且专家的评估揭示了舱口失效的真正原因：舱口不够坚固，无法承受巨浪带来的巨大冲击。海水最初是通过损坏的管道进入货舱的，导致船头下沉，而一旦第一个舱口损坏，海水就会涌入船舱，导致船头进一步下沉。这使下一个舱口也承受着压力，跟着也破裂了，这种情况似乎在整艘船的舱口接二连三地发生，每一次破裂都让越来越多的海水进入货舱，直到最终整艘船沉没为止。

多亏了"德比郡"号家属联合会的不懈坚持，花了 20 多年时间，终于确定了沉船的真正原因。在"德比郡"号沉船的最终报告中，提出了一些安全建议，其中许多建议被国际组织所采纳。

上一页所示的图片，是在母港英国利物浦，专门为机动船"德比郡"号

⊙ **货轮可能非常巨大。**

船员建造的纪念雕塑和花园。2018 年 9 月，纪念雕塑和花园落成，而这张照片是在落成后的第二天拍摄的，照片中可以看到船员家属和朋友敬献的鲜花。

96

福克兰群岛纪念碑

这座纪念碑，是为了向英国皇家海军舰艇"谢菲尔德"号的船员致敬，
1982年，"谢菲尔德"号被阿根廷导弹击沉。

1982年，一支英国舰队驶往福克兰群岛（英阿争议群岛，阿根廷称马尔维纳斯群岛，编者注）。英国皇家海军舰艇"谢菲尔德"号驱逐舰有268名船员。5月4日，它在执行侦察任务时遭到了袭击。阿根廷的"超军旗"攻击机发射了两枚飞鱼导弹，虽然一枚没有击中"谢菲尔德"号，但另一枚穿入了"谢菲尔德"号深处，在内部爆炸并引发了一场大火。虽然船员们与大火搏斗了几个小时，但是有毒的烟雾和可能发生进一步的爆炸，很快让人无法继续待在这艘船上，于是船员们被迫弃船。这次袭击及其余波造成20人死亡。

"谢菲尔德"号并没有立即沉没。它整整燃烧了两天，后来被拖走，英国人打算把它从被称为"完全禁区"的战争冲突地区移走，但是，在波涛汹涌的大海上，"谢菲尔德"号开始进水。5月10日，即"谢菲尔德"号被击中后的第6天，它沉没了，这是自第二次世界大战以来，在军事行动中沉没的第一艘英国皇家海军军舰。

一些观察人士最初预计，英国特遣舰队的到来，可能会引发与阿根廷的新一轮谈判。然而，随着双方伤亡的增加，一场战争（英阿马岛之战）变得不可避免了。

对"谢菲尔德"号失事的调查极其慎重，该调查在整整35年后才得以公开。调查结果表明，"谢菲尔德"号及其船员要么是没有准备好应对袭击，要么是没有处理好袭击造成的后果。发现导弹时，船员没有通知船长；该舰要么是缺乏警惕性，要么是没有针对导弹来袭进行转向，如果转向的话，可以减少该舰作为目标被击中的概率；没有尝试使导弹偏离方向或击落导弹。在处理随后的船上火灾时，船员的救火行动缺乏协调，暴露出平时训练不足，而且一些消防设备也不充足。某些海军官员的行为和知识都有所欠缺，其中两人被判犯

⊙　图为福克兰群岛纪念碑，该群岛为英国早期通过殖民手段获取的。

有玩忽职守罪。

　　还有人指出，当时，英国皇家海军认为，在福克兰群岛，阿根廷潜艇对英国皇家海军舰艇的威胁比飞机更大，因为阿根廷本土距离福克兰群岛较远。然而，阿根廷飞机能够中途加油，从而可以抵达福克兰群岛攻击英国目标。

97

关于一艘渡轮倾覆的报纸头条

媒体公布的"自由企业先驱"号的死亡人数，震惊了整个英国。

在 1994 年英吉利海峡隧道建成之前，乘坐渡轮是从英国出发前往欧洲大陆度假或购物最受欢迎的出行方式。"自由企业先驱"号是一艘滚装渡轮，这意味着，汽车和卡车可以通过船首的门开进和开出渡轮。1987 年 3 月 6 日，这艘船载着乘客、车辆和货物从比利时泽布吕赫驶往英国多佛。渡轮虽然没有满员，但是 459 名乘客中大部分是回国的英国居民。当时船上有 80 名船员。

从泽布吕赫出发后不久，即下午 7 时左右，"自由企业先驱"号就开始倾斜了。船首门一直敞开着，所以，随着船只加速，海水随之涌入汽车甲板层，使渡轮船身变得不稳定了。几分钟之内，这艘船就因进水而倾覆了。幸运的是，它翻到了左舷一侧，停在港口的一个大沙洲之上。如果灾难发生在不同的地点，这艘船可能会完全淹没在海浪之下，导致更多的人员死亡。

整个沉船事件发生得如此之快，仅仅只有 90 秒，以至于没有时间发出求救信号、放下救生艇、监督撤离，甚至都没有时间发放救生衣。渡轮停在沙洲上，所有的灯都熄灭了，距离海岸不到 100 米。惊魂未定的乘客们，面临着从一艘布局陌生、角度怪异、漆黑一片的船上逃生的险境。许多人砸碎窗户，爬到船露出水面的一侧等待救援；另一些人则不得不跳入冰冷的水中。还有更多的人被困在甲板下面。

救援直升机被派往出事地点，荷兰和比利时船只协助救人，并且将幸存者转移到岸上。总共有 193 人死亡，焦虑不安的亲属们不得不等待数个小时，以确定他们的亲人是否幸存。

关于这艘沉船灾难的报道，震惊了整个英国。在互联网出现之前的时代，人们每天仍然普遍购买纸质报纸。大多数船员来自英国肯特郡，而《东肯特水星报》的头版写道"几乎每个城镇和村庄都在哀悼逝去的亲人"。许多全国性的报纸，如《每日邮报》，描述了"自由企业先驱"号如何成为可怜的遇难者的坟墓。截至灾难发生当天上午发稿时，已有 29 人确认死亡，231 人失踪，但是许多失踪的人，很快就被找到了。

随后的调查得出结论，船首门是水手长的助理打开的，开船时，该助理睡着了，而且，在开船时，压载舱里仍然装满了水，因此，渡轮在海面上吃水很低。高级船员和船东受到了指责，新的安全规则随后开始实施。

⊙ 图为各家报纸报道的"自由企业先驱"号倾覆事件。

98
两座伦敦桥

"侯爵夫人"号，沉没在南华克桥和坎农街铁路桥之间的泰晤士河上。

安东尼奥·德·瓦斯孔塞洛斯，准备庆祝他的 26 岁生日，为了庆祝这个日子，他的一位朋友在泰晤士河上租了一艘名为"侯爵夫人"号的游艇。这艘游艇是一艘历史悠久的船只。它建于 1923 年，在 1940 年，它曾协助敦刻尔克的战时大撤退。1989 年 8 月 20 日凌晨 1 时 30 分前，当时是一个温暖的夜晚，"侯爵夫人"号从堤岸码头启航，船上约有 130 人。这 130 人中，包括两名船员和两名酒保。

当船上的派对开始时，"侯爵夫人"号慢慢地沿着泰晤士河航行，先是经过滑铁卢桥下，然后是黑衣修士桥，最后是南华克桥。然而，在距离坎农街铁路桥不远的地方，黑暗之中，一艘沉重的疏浚船"鲍贝尔"号突然撞击了"侯

⊙　图为南华克桥，远处为坎农街铁路桥。

爵夫人"号两次,当时,这艘疏浚船也是沿泰晤士河顺流而下。"侯爵夫人"号和"鲍贝尔"号在航行中,均缺乏应有的警惕和瞭望。

"侯爵夫人"号的下层甲板在几秒钟内就被淹没了,许多人被困在那里。船上的灯也熄灭了,这导致船上的人迷失方向,参加派对的人很难找到逃生出口或救生筏等安全设备。"侯爵夫人"号以惊人的速度下沉,那些侥幸逃脱的人,只能穿着派对服装,在夜间泰晤士河的潮水中苦苦挣扎。

两艘船碰撞之后,"鲍贝尔"号既没有停下来,也没有放下船上的救生装备,更没有为救援提供帮助。好在,附近的另一艘游船"赫灵汉姆"号上的人们惊恐地目睹了这一事件,然后这艘船冲过去帮助落水的人,设法救起了许多人。紧急情况部门也介入了救援,但是令人遗憾的是,很快他们就发现,许多乘客已经失去踪影。这场悲剧中共有 51 人死亡,其中包括生日主角安东尼奥·德·瓦斯孔塞洛斯和他的兄弟多明戈斯。

"侯爵夫人"号的灾难,使遇难者的家庭遭受重创,英国举国悲痛,并开展了一系列的调查和问讯工作。法官克拉克在 2001 年发表的报告中,提出了许多改善河流安全的建议,其中一些建议得到了采纳和实施。2002 年,英国皇家全国救生艇协会在泰晤士河上建立了四个救生艇站,这些救生艇站的实际价值,远远超出了预期。截至 2019 年,这四个救生艇站共出动救生艇 14096次,挽救 580 人的生命,救助 4994 人。

一个巨大的黑色石头纪念物,安放在附近的南华克大教堂中,该教堂距离"侯爵夫人"号沉船悲剧发生的地点只有几百英尺(1 英尺 ≈ 0.3 米,编者注),该纪念物用于纪念灾难的遇难者,使他们永远不会被遗忘。这是一段简单而感人的遗言,上面写道:"爱情,众水不能熄灭。"纪念物上面,列出了所有遇难者的年龄和名字,其中 35 人不过 30岁,还有 4 人只有 10 多岁,实在令人心酸不已。

⊙ 南华克大教堂中的"侯爵夫人"号纪念物。

99

英国皇家全国救生艇协会雕塑

> 2009 年，这座雕塑揭幕，纪念那些在救生艇志愿服务中失去生命的人。

　　这座令人印象深刻的雕塑，位于英国多塞特郡普尔的英国皇家全国救生艇协会总部附近，是为纪念那些为拯救他人生命而不惜失去自己生命的勇敢志愿者。该金属雕塑展现了一个人从船上将另一个人救出水中。雕塑周围，是英国皇家全国救生艇协会创始人威廉·希拉里爵士鼓舞人心的话语："只要你有勇气，天下就没有不可能的事。"雕塑上，列出了以下人员的名字：每一名在为英国皇家全国救生艇协会提供志愿服务过程中而失去生命的人，以及在协会成立之前试图拯救他人而失去生命的人，或者在不属于协会的救援行动中牺牲的人。雕塑上面一共有 800 多个名字。

⊙　**图为英国皇家全国救生艇协会雕塑。**

　　在救生艇志愿服务历史上，救援过程中发生了许多悲惨的人员损失事件。在一些悲惨的事件中，甚至救生艇艇员全部丧生了。1981 年，彭利救生艇"所罗门·布朗恩"号从康沃尔郡出发，前去救援机动船"联合之星"号的船员。"联合之星"号引擎失灵，在恶劣天气中漂向岸边。尽管有 60 英尺（约 18 米，编者注）高的巨浪，"所罗门·布朗恩"号救生艇还是义无反顾地搭载了四名艇员前去救援，真是勇气可嘉。然而，不久之后，"联合之星"号和救生艇"所罗门·布朗恩"号却都失踪了，一共造成 16 人丧生，这就发生在当年圣诞节前夕。

1886年圣诞节前夕，发生一场救生艇灾难，就死亡人数而论，是英国有史以来最为严重的一次。在收到了三桅帆船"墨西哥"号的求救信号后，"绍斯波特"号救生艇上的艇员从兰开夏郡出发，前去救援"墨西哥"号。就在"绍斯波特"号找到"墨西哥"号时，一个巨浪掀翻了"绍斯波特"号救生艇，然后这艘救生艇沉入水中。当"绍斯波特"号再次浮起来时，它彻底翻船了，一些艇员被困在救生艇下面。只有两名艇员成功逃脱并且游到岸边。附近的"圣安妮号"号救生艇也下水了，在距离"绍斯波特"号沉船还有一半路程的时候，它也被恶劣的条件击败了，同样发生了沉船，而且"圣安妮号"号的所有艇员都遇难了，无人幸免。这次事件中，总共有27名救生艇艇员丧生。最终，从"莱瑟姆"号放下来的救生艇（整个救援中的第三艘救生艇），救起了"墨西哥"号上的12名船员。

1880年，诺福克的海边矿泉小镇失去了11名救生员。狂风将双桅横帆船"海洋女王"号吹向岸边，船员被困。风实在是太大了，救生艇无法靠近"海洋女王"号进行救援，只好掉头返回，但是一个大浪击中了救生艇，把它打翻了，除了两名艇员外，其余所有艇员都被淹死了。令人哭笑不得的是，第二天早上狂风减弱后，"海洋女王"号上的船员无须救援，能够自己走上岸了。

英国皇家全国救生艇协会纪念碑，用以纪念所有这些已故的救生艇艇员和其他数百名救生人员。看到和读到他们的名字时，非常令人动容。让人难以忘怀的是，他们这些人都是

⊙ 位于海边矿泉小镇的英国皇家全国救生艇协会纪念碑。

志愿者，没有人要求他们必须乘坐救生艇出海救人，但是他们还是选择了自己冒着生命危险去营救他人。

100

两座"泰坦尼克"号主题博物馆

2012 年，在与"泰坦尼克"号沉船灾难联系紧密的两座城市，两座主题
博物馆同时揭幕。

　　在这本书的结尾，我们来讲述世界上最著名的沉船，似乎很合适。1912
年 4 月 15 日，"泰坦尼克"号沉没，2012 年是它沉没 100 周年，为了纪念"泰坦
尼克"号沉船 100 周年，在与白星航运公司那场骇人听闻的悲剧事件联系最
为紧密的两座城市，两座新博物馆同时揭幕。

　　作为贝尔法斯特城市滨水区重建项目的文化中心，2012 年 3 月 31 日，"贝
尔法斯特'泰坦尼克'号主题博物馆"揭幕。现在整个区域被称为"泰坦尼
克"号区，英国皇家邮轮"泰坦尼克"号在此设计和建造，由此，这里成了著

⊙　图为贝尔法斯特泰坦尼克号主题博物馆。

名的文化遗址。本章中所展示标志性建筑物的设计，融合了一系列隐喻，包括让人联想到白星航运公司标志的星形平面，还有船首的锐角；反光铝板外墙让人联想到波涛汹涌的海水，甚至是冰山。馆内空间非常大，介绍了"泰坦尼克"号是如何建造的，里面有造船厂设施；博物馆里还有一个互动式的水下探索剧院，重现了"泰坦尼克"号内部的部分场景。

"海洋之城"，是通过改造和扩建原有的地方法院和警察局而创建的。因为"泰坦尼克"号的船员，大多数来自南安普顿，所以"海洋之城"讲述的是"泰坦尼克"号船员的故事。这座博物馆里存有许多幸存者的录音文件，人们还有机会站在舰桥上驾驶"泰坦尼克"号沿着南安普顿水域进入索伦特海峡。在原来法院位置处，人们可以享受一场视听盛宴，呈现的是英国政府对"泰坦尼克"号失事所进行的调查。

很难说清楚，为什么"泰坦尼克"号仍然具有如此大的吸引力。有些沉船悲剧涉及的船只更大，且死亡人数更多，但是要说历史重要性是否比"泰坦尼克"号更大，是有待商榷的。大量的沉船事件，无论如何，至少都是生死存亡的故事，所以，都同样令人心酸不已。

"泰坦尼克"号的沉没，发生在现代媒体时代的发端。事实上，关于这场

⊙ 位于南安普顿的"海洋之城"。

灾难的第一部电影，在事后不到一个月就上映了，电影的主角是一名"泰坦尼克"号沉船事件的幸存者。正是媒体维持了我们对于"泰坦尼克"号的兴趣。尽管与两次世界大战相比，"泰坦尼克"号事件显得有些黯然失色，但是围绕"泰坦尼克"号不断涌现出了无数的电影、书籍、纪录片、报纸文章和网站；一些幸存者，甚至因"泰坦尼克"号而成了名人。

每当"泰坦尼克"号似乎要从我们的生活中消失时，它就会迎来反弹，新的故事、不同的叙事手法和更多的细节。更为重要的是，在 1985 年，罗伯特·巴拉德和他的同事发现了"泰坦尼克"号沉船，实在令人兴奋。如果不是篇幅所限，本书还能向你们介绍了一些其他的沉船事件，这些事件同样有着不同的传奇故事。读完本书后，也许你会受到激励，去进一步探索沉船事件。

索　引